领略中国

Discovering China

A People-to-People Exchange Reader

中外人文交流概览

本书编委会 编著

北京语言大学出版社
BEIJING LANGUAGE AND CULTURE UNIVERSITY PRESS

图书在版编目（CIP）数据
领略中国 ：中外人文交流概览 / 本书编委会编著 .
北京 ：北京语言大学出版社，2024．9．-- ISBN 978-7
-5619-6450-7
I．G125
中国国家版本馆 CIP 数据核字第 2024E4X524 号

领略中国——中外人文交流概览
LINGLÜE ZHONGGUO—ZHONGWAI RENWEN JIAOLIU GAILAN

责任编辑：付彦白　栾绍森
排版制作：北京青侣文化创意设计有限公司
部分图片供稿：视觉中国
责任印制：周　燚

出版发行：北京语言大学出版社
社　址：北京市海淀区学院路 15 号，100083
网　址：www.blcup.com
电子信箱：service@blcup.com
电　话：编 辑 部　8610-82303647/3592/3724
国内发行　8610-82303650/3591/3648
海外发行　8610-82303365/3080/3668
北语书店　8610-82303653
网购咨询　8610-82303908
印　刷：北京联兴盛业印刷股份有限公司

版　次：2024 年 9 月第 1 版　　印　次：2024 年 9 月第 1 次印刷
开　本：787 毫米 × 1092 毫米　1/16　　印　张：12.25
字　数：147 千字
定　价：89.00 元

PRINTED IN CHINA
凡有印装质量问题，本社负责调换。售后QQ号1367565611，电话010-82303590

《领略中国——中外人文交流概览》

编委会名单

序

人类的文明是在互相交流、互学互鉴中发展进步的。习近平主席指出："国之交在于民相亲，民相亲在于心相通。" 人文交流是国际关系发展的重要桥梁和纽带。基于这样的认识，我们组织力量编写了这本《领略中国——中外人文交流概览》，旨在为外国读者打开一扇了解中国的窗口，进一步激发中外人文交流的热情。

本书以促进中外人文交流为出发点，以中国文化为主线，在大量征求专家学者和国际学生意见的基础上，分"走近中国""历史文化与中国社会""中国与世界""今日中国""生活在中国""法治中国""发展的中国"等七个主题介绍了中国的历史、文化和社会的发展、变迁，以及中华文明与世界其他文明的交流互鉴；在形式上也充分考虑了外国读者的阅读习惯，采用了讲述与示例紧密结合、图文并茂的方式，并设互动提问引导读者进行深入的思考和探索。

本书系受教育部中外人文交流中心委托，由北京语言大学国际教育管理处、国际中文学院、汉学与中国学学院、应用中文学院的数十位专家编写而成，从选题到成书都凝聚着编写团队的智慧和汗水。同时本书的出版也得到了北京语言大学出版社和各位审读专家的大力支持。从开始筹备到最终定稿，编者们不辞辛苦，反复论证，进行了多轮编写、审读、修改和试用，以确保选取的内容既有学术深度，又贴近生活；语言既准确生动，又浅显易懂，便于广大读者获得丰富且有意义的阅读体验。在此，本书编委会对编者们的辛勤付出表示诚挚的感谢！同时，也衷心感谢参与前期调研和本书试用的国际学生们。可以说，本书的诞生本身就是中外人文交流的成果。

中国拥有五千年文明史，中国文化犹如一幅绚丽多彩的画卷，不仅深深烙印在历史长河中，更在当代发展的浪潮中焕发蓬勃生机。我们希望这不仅是一部介绍中国文化的书，更是一张能使各国读者共同踏上了解中国、促进中外人文交流旅程的"邀请函"，希望我们可以在全球文明互鉴的时代，为中外文明搭建一座促进交流、增进友谊的桥梁。

本书编委会

2023 年 11 月

目　录

01 第一章　走近中国　1

第一节　中国名称的由来　2
第二节　中国人文地理　5
第三节　早期的中外人文交流　9
第四节　中国地域文化——南方和北方　13

02 第二章　历史文化与中国社会　19

第一节　汉字里的中国　20
第二节　茶壶里的世界　30
第三节　随水漂流的酒杯　35
第四节　中国的瓷器　45

03 第三章　中国与世界　53

第一节　石窟藏着东西方　54
第二节　中外人文交流的使者　61
第三节　古往今来的留学生　68

04 第四章　今日中国 73

第一节　短视频里看中国 74
第二节　电商，打开职业想象 77
第三节　广场里的老年人 79
第四节　大漠深处治沙人 84
第五节　无人驾驶汽车 90

05 第五章　生活在中国 95

第一节　寻味中国 96
第二节　寻医中国 102
第三节　留学中国 108
第四节　快递，体验中国速度 112
第五节　中国交通 117
第六节　手机带你游中国 122
第七节　到哪里找家乡的味道 129

06 第六章　法治中国 135

第一节　“最多跑一趟” 136
第二节　涉外法律法规 140
第三节　中国的法律保护与法治生活 145
第四节　中国大学的留学生管理制度 151

07 第七章　发展的中国 163

第一节　创新是引领发展的第一动力 164
第二节　协调是持续健康发展的内在要求 168
第三节　绿色是高质量发展的底色 172
第四节　中国开放的大门越开越大 176
第五节　共商共建共享，共创美好未来 180

01

第一章 走近中国

第一节　中国名称的由来 / 2
第二节　中国人文地理 / 5
第三节　早期的中外人文交流 / 9
第四节　中国地域文化——南方和北方 / 13

第一节　中国名称的由来

你知道中国为什么被称为“中国”吗？

你知道英语中为什么称中国为“China”吗？

你知道中国的国名在不同语言中的差别为什么这么大吗？

大多数国家的国名，在本国语言中的发音与在外语中的发音很像，但是汉语、英语或其他语言对“中国”的称呼发音却相差很远。这是因为不同语言中“中国”一词的词源不同，原本所指代的意思也不同。

北京天安门

到目前为止，“中国”一词最早出现在公元前 11 世纪西周青铜器上。上面写的是“宅兹中国”四字，意思是“居住在天下中央”。“中国”的字面意思即“中央之国”，这与古代中国人认为自己居住在世界中心的观念有关。“中国”所指代的范围最初只是天子所居住的中原地带，后指代天子统治的所有疆域。1949 年，中华人民共和国成立，以“中国”为正式的国名简称。

英文“China”一词是怎么来的呢？有一种说法是西方人认为中国盛产瓷器，因此以指代瓷器的英文单词“china”给中国命名。英文中瓷器本来称为“chinaware”，即“中国制作的器皿”之意，后来慢慢省略了“ware”（器皿）一词，只留下“china”来称呼瓷器。而“China”其实源于中国古代的一个朝代——秦朝（公元前 221—前 206）。“秦”作为代表中国的称呼，首先传入中亚、西亚与南亚地区。直到现在，波斯语中依然称中国为“چین /tʃin/”，阿拉伯语则为“الصين/al'sin/”。古印度的梵文称中国为“चीन/tʃina/”，这个称呼又流传至东南亚与西方诸国，英语的“China”、法语的“Chine/ʃin/”、意大利语的“Cina/tʃina/”，以及拉丁语的“Sina/sina/”等，大都来源于此。

长城

中国是一个统一的多民族国家，“中华民族”是56个民族的统称。各民族在中国大家庭中形成了“你中有我，我中有你”的多元一体格局，历史与文化高度融合在一起，成为相亲相爱的一家人。

◎ 互动提问：

1. 你的母语是怎么称呼中国的呢？能说一说这个称呼的来源吗？

2. 现如今，交通愈加便利，人员交流增加，你觉得将来方言会不会不存在了？为什么？如果那样，你觉得可惜吗？为什么？

3. 世界上的语言每年都在减少，以后会不会只剩下几种主要的语言了？为什么？

第二节　中国人文地理

你知道中国的文明与中国人的观念是如何形成的吗？

中国的文明通常被称为“中华文明”。人类的文明发展及交流互鉴与地理环境密切相关。无论是东方文明还是西方文明，任何地域的文明、文化都深受地理因素的影响，例如古希腊文明就起源于地中海上的众多海岛。古希腊地区三面环海，海陆交通便利，地中海气候也很适合居住，但由于海岛比较分散，很难建立中央集权的国家，所以古希腊文明是建立在城邦制的基础上的。独特的地理环境让古希腊文明形成了自己的特点。

那么，中华文明是如何受到地理环境影响的呢？

从东西南北四个方向上看，中国东临太平洋，从北到南是一条长长的海岸线；北面从东到西，被高高的兴安岭、茫茫的内蒙古草原、漫漫的沙漠戈壁所环抱；而西南部则是世界最高的高原——青藏高原。从四围向内看，中国内陆是广阔而平缓的平原或山地。在这片利于耕种的土地上，千百年来形成了以农耕文明为基础的文化模式，这就是中华文明的核心部分。擅于农业生产的中国人形成了安土重迁、内敛温和的性格。因此，中国人对土地的依赖度很高，反映到民族心理上则表现为对宗族、对故乡、对国家的深厚情怀。另一方面，也因博大宽厚，所以中国能够接纳、不排斥外来文化，同时也会将其本土化、中国化，以适应自己的发展。

中国土地宽广，气候复杂多变。上古时代，先民没有足够的知识和技术，因此经常遭受洪涝灾害。

实际上无论是东方还是西方，都有大量关于人类与洪水斗争的故事记载。在欧洲大陆上，河流多平缓地流向四面八方，各个城邦治理各自的洪水问题。当人们遇到更大的难题时，会将希望寄托在超越人类的神身上，因此西方世界有“挪亚方舟”的故事——上帝显灵来拯救人类于洪水之中。

中国地势西高东低，由此形成了两条重要的河流——长江、黄河。二者从青藏高原起，由西向东分别流经中国的11个和9个省、自治区、直辖市，最终流入太平洋。长江和黄河自青藏高原流入平原时，急剧下降的地势使河水拥有了巨大的冲击力，因此早年洪涝多发。在这样的天灾面前，个人的力量显得很渺小，人们必须团结在一起，在统一的领导下，才能对抗灾难、保卫家园。中国独特的地理环境和历史背景造就了中国人重视团结的家园情怀及向心一体的国家观念，进而形成了今日以集体为重的思想。

长江巫峡

黄河壶口瀑布

"大禹治水"是中国古代有名的故事之一，非常能够体现中国人的思想观念。大约在4000多年前，中国的黄河流域经常发生洪水。相传，尧帝命令鲧负责治理洪水，鲧采取封堵的方式，但效果不好，后来他的儿子禹被舜帝委派来承担这个重任。禹采用更科学有效的方法，改封堵为疏导，发动众人共同参与治理黄河，最终战胜了洪水。禹不仅与百姓一起劳作，而且在他治水的13年中，曾3次经过自己的家门，都没有进去与家

绍兴大禹陵大禹雕像

人见面。舜帝非常欣赏他，把天下“禅让”给了禹。人民也非常爱戴他，称呼他为“大禹”，即“伟大的禹”之意。大禹治水的故事体现了中国人的思想观念：首先，只有尊重自然、崇尚科学才能战胜灾难；其次，人类是命运共同体，要团结一致才能保护家园；最后，官员大公无私、勤政为民才能受人爱戴。

◎ 互动提问：

1. 你认为一个国家的文化特点与地理环境的关系是否密切？为什么？一个国家文化特点的形成还与什么有关系？

2. 你可以从其他中国神话故事中发现中国人的思想观念吗？

3. 你可以讲一个能够体现自己国家人民思想观念的故事吗？

4. 你们国家有哪些有名的神话故事？请你给老师或同学讲一两个。

5. 一个国家的文化在什么情况下会发生较大的改变？为什么？

6. 你认为中国文化以后会发生什么样的改变？为什么？

第三节　早期的中外人文交流

中国不仅是农耕文明、陆地文明的代表，同时也有着悠久的海洋文明。你知道中国人与海洋之间的故事吗？

中国与西方的文明与文化观念有很大不同。一般认为中华文明是起源于农耕、发展于陆地的内向型文明；而西方文明是起源于游牧、发展于海洋的外向型文明。这样的说法虽有一定道理，但却忽视了中华文明的丰富性和多样性。

中国很早就主动开辟了对外交流的通道，闻名世界的丝绸之路有着深远的历史。丝绸之路不仅有陆上丝绸之路，同时也有海上丝绸之路。陆上丝绸之路大约始于2200年前，汉朝的使臣张骞（？—前114）出使西域（现中亚一带），连接了地中海各国，增强了中国与中亚、欧洲各国的联系。海上丝绸之路比陆上丝绸之路开始得更早。起初，中国只是与东南亚各地进行交流；到东汉时期，中国已经在与印度和地中海地区的国家交流了。

瓷器上的龙雕像

在航海技术方面，中国早在2000多年前就已经有了先进的造船技术和航海知识。如船上的“舵”最早就是由中国人发明的，公元10世纪，传入阿拉伯地区。12世纪末至13世纪初，“舵”又经阿拉伯传入欧洲，并最终成为15世纪大航海时代的必要技术保障。而15世纪的中国，已经拥有了世界上最先进的造船和航海技术，船舶巨大，而

丝绸之路

张骞出使西域雕像

且还配套使用远航必备的指南针、航海图等工具。

司南

中国古代航海的极盛时期是明朝，郑和（1371—1433）下西洋是典型代表。郑和的船队在28年时间里远航了7次，跨越了半个地球，是15世纪欧洲地理大发现以前，世界历史上规模最大的海上探险。郑和船队绘制了世界上现存成图时间最早的航海图集——《郑和航海图》。郑和船队是当时世界上最强大、最先进的船队，他们所使用的最大的船比足球场还要大。郑和下西洋开启了中国的大航海时代，推动了中外经济、文化的交往。郑和率船队出使了30多个国家和地区，沿途把

郑和雕像

中国的丝绸、瓷器等产品和先进技术介绍给其他国家，促进了中外文化交流与贸易往来，更促进了中外友好交往，营造了和平的国际环境。

东西方虽然都有历史悠久的海洋文明，但是因为经济生产方式不同，所以在很多方面存在巨大差异。中华文明起源于农耕文明，中国的海洋文化也有着强烈的农业社会特点。中国人认为，海洋与陆地一样，都是人类赖以生存的资源，对待大海要心存敬畏、要保护性开发，与海洋周边的“邻居”要和睦共处。因此，中国历来把海洋当作人类共有的家园。

◎ 互动提问：

1. 除了郑和下西洋的故事，你还知道哪些中国人与海洋之间发生的故事？
2. 你是否了解你们国家与中国之间的交往历史？
3. 如果有机会去航海或者当海员，你愿意不愿意去？为什么？
4. 你认为发展海上丝绸之路和陆地丝绸之路遇到的困难有什么不同？

第四节　中国地域文化——南方和北方

你知道中国的南北方是怎样划分的吗？

你认识的中国朋友生活在中国的南方还是北方？

中国的陆地面积约为960万平方千米，仅次于俄罗斯、加拿大，跟整个欧洲的面积差不多。中国版图东西、南北跨度都比较大，不同地区的气候很不一样。

中国地图

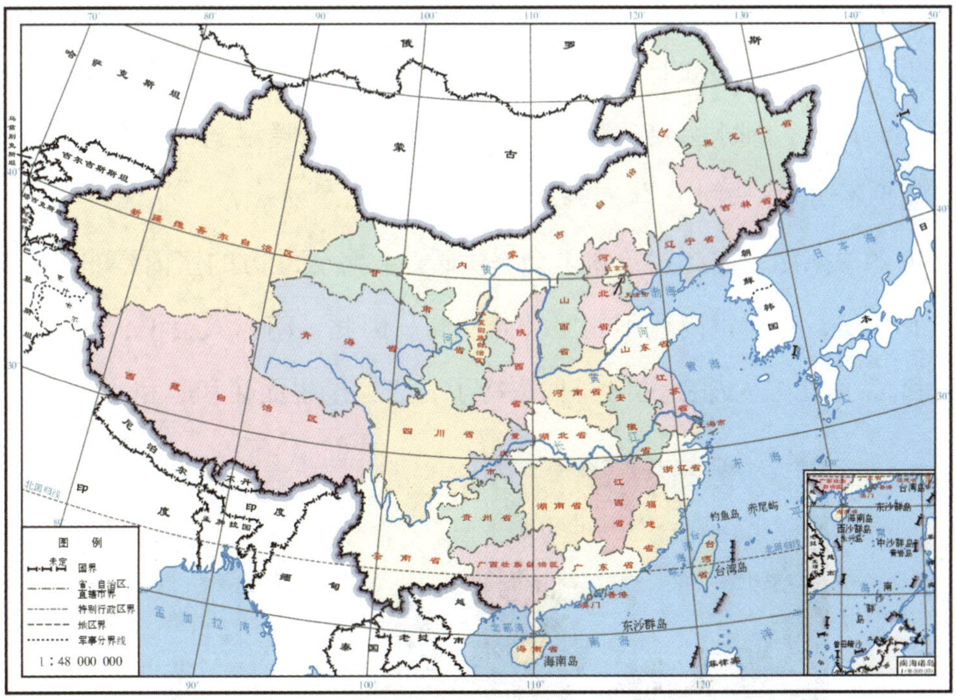

审图号：GS(2016)1600号　　　　自然资源部 监制

中国地图

中国有一句古话："淮南为橘，淮北为枳。"意思是说，同样是橘树，在淮南就会结出香甜的橘子，在淮北只能长出形状相似但味道酸涩的枳子。比喻环境变了，事物的性质也变了。这里所说的"淮"就是指淮河。中国的南北方地区即以"秦岭—淮河"一线为界。从自然气候来看，"秦岭—淮河"一线也是中国气候带的分界线，以北为温带，以南为亚热带、热带。中国的南北方地区之间不仅有气候的差异，在环境与物产、风俗与文化方面也各有不同。

中国北方的冬天虽然寒冷，但却比南方舒服，你知道这是为什么吗？

通常我们会说，中国的季节由春、夏、秋、冬四季组成。但实际上，中国北方的四季比较分明，而南方的四季差别相对较小。

夏季，南方、北方都很热，气温差别不太大。但是南方由于经常下雨，因此气候潮湿；而北方的降雨量不到南方的一半，因此气候干燥。冬季，南方、北方几乎是两个世界。北方寒冷干燥，河水、湖水会结冰，树会落叶；而南方温暖湿润，平均气温在0℃以上，河水、湖水几乎不结冰，树木一年四季常绿。

由于北方冬季寒冷，因此建筑物里会提供暖气，冬天北方的室内是非常温暖舒适的。然而南方没有暖气，有时室内还不如室外温度高。因此，南方人会说："屋里太冷了，去外面暖和暖和。"而北方人却会说："外面太冷了，去屋子里面暖和暖和。"

一棵树的春、夏、秋、冬

中国南方和北方的不同饮食习惯，哪一种和你的家乡更像呢？

从地理环境来看，中国北方大多是平原和高原，以旱地为主，主要农作物是小麦、玉米、大豆等；南方大多是河流和山地，水田较多，农作物多是水稻、甘蔗、油菜、茶叶等。

麦子

水稻

由此，北方人的主食以面食为主，南方人以米饭为主，这就是中国人常说的“南米北面”。对于北方人来说，面条儿、馒头、花卷、烙饼、饺子、包子、馄饨等都是生活中常吃的主食。南方人则爱吃米饭和米粉，还会用糯米做各种点心。因此，要是问中国人春节的传统食物是什么，北方人会告诉你是饺子，但南方人却会说是年糕和汤圆。

饺子

汤圆

在口味上，中国人大体呈现出“南甜北咸”的区别。南方人爱吃甜食多一些，北方人爱吃咸食多一些，这是南北方最显著的区别之一。比如，北方的豆腐脑和南方的豆花都是豆制品，但北方的豆腐脑里一般加酱油，南方的豆花里一般加糖。

在食材方面，南方雨水多，河、湖密布，有丰富的水产品，如鱼、虾、蟹、莲藕等，所以南方，特别是江南地区，最看重鲜味。另外，西南地区湿热，吃辣椒和花椒可以祛湿、杀菌，所以这里的食物味道都比较辣。而北方就不同了，由于冬季寒冷，人体能量消耗大，因此重咸、多肉成为北方菜的一大特征。尤其是东北地区，无霜期短，蔬果生长期长，储存就需要冷冻和腌制，于是就有了冻白菜、冻秋梨等冷冻食物，以及酸菜、咸菜等腌制食物。

为什么中国的南方和北方在语言方面的差别比较大？

在语言方面，南方和北方也有很大不同。现代汉语有七大方言区，即北方方言、吴方言、湘方言、赣方言、客家方言、闽方言和粤方言。北方地势相对平坦，交通联系方便，人们交往、交流的机会多，所以各地方言虽然有一些差别，但是不影响交流，人们说话互相都能听懂，比如东北话、山东话、河北话、北京话等。南方有很多丘陵山地，交通不便，不利于人们交往，所以南方的方言种类很多，而且差别很大，有着“三里不同调，十里不同音”的说法。比如，福建省的福州市、莆田市、泉州市虽是“邻居”，但是方言差别极大，有时甚至互相无法听懂对方的话。所以，在中国南方旅游时，听不懂当地人说话是很正常的事。不过现在的中国人差不多都会说普通话，虽然有的人说得不太标准，但不影响交流。

虽然南方和北方有很大差别，但这些地域特色都是中国文化的组成部分。现在，人员的密切往来使得南方和北方差异越来越小，共同点越来越多了。同时，中国人在历史长河中形成的集体观念强、尊老爱幼、重视教育、热爱和平、善良友好等共同的价值取向，是没有南北差异的。

◎ 互动提问：

1. 你所看到的中国南方和北方有哪些不同？

2. 你的国家有怎样的地域差别？

3. 你更喜欢生活在中国的南方还是北方？为什么？

4. 你觉得中国南方和北方之间的差别会不会随着人员的密切交流而逐渐消失？为什么？

武陵人捕
路之遠近
百步

02

第二章 历史文化与中国社会

第一节　汉字里的中国 / 20
第二节　茶壶里的世界 / 30
第三节　随水漂流的酒杯 / 35
第四节　中国的瓷器 / 45

第一节　汉字里的中国

说起汉字，你的印象是什么？

你知道汉字的历史演变过程吗？

汉字能体现中国人的什么特点？

汉字是中华文明的承载者和见证者，它起源于象形文字，现在所能见到的最早的汉字可以追溯到距今3000多年的商朝甲骨文。中国的先民用汉字记载自然规律，记录生活实践。汉字是中国人的文化符号和智慧的结晶，几千年来，汉字一直被使用并不断发展演变至今，从未中断过。汉字的形与义有着密切的联系，它的产生和演变体现了先民的智慧和思维方式，蕴含着丰富的文明成果。

传说在远古时代，人们会用绳子系出不同的绳结来记录生活中发生的事件，但如果系的结过多，就记不住想记的事情了。后来，轩辕黄帝时代的史官仓颉，通过观察与人类生活关系紧密的物质和自然现象创造了文字。但是在最开始，这些文字并不是我们今天所见的汉字。汉字是在几千年的发展演变过程中逐渐定型的，主要经历了以下几个阶段：

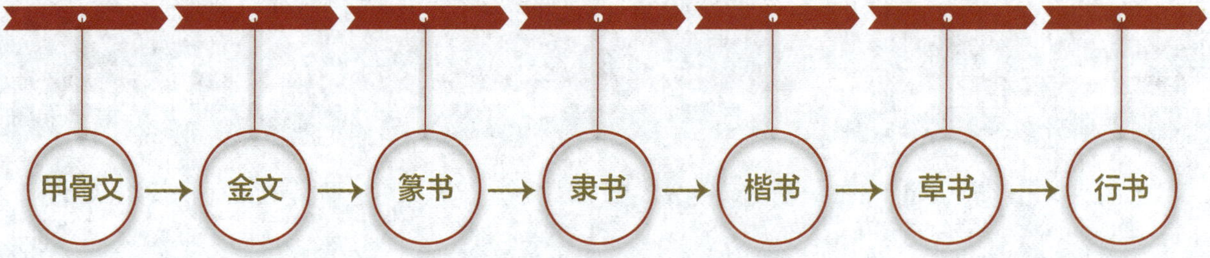

第一个阶段是甲骨文，从名字就可以知道是刻在龟甲、兽骨上的文字。

甲骨文

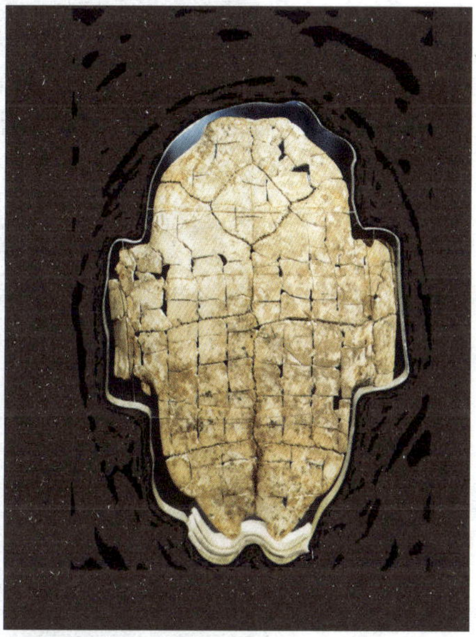

商代甲骨文卜辞

第二个阶段是金文，也称“钟鼎文”，是刻在青铜器上的文字。

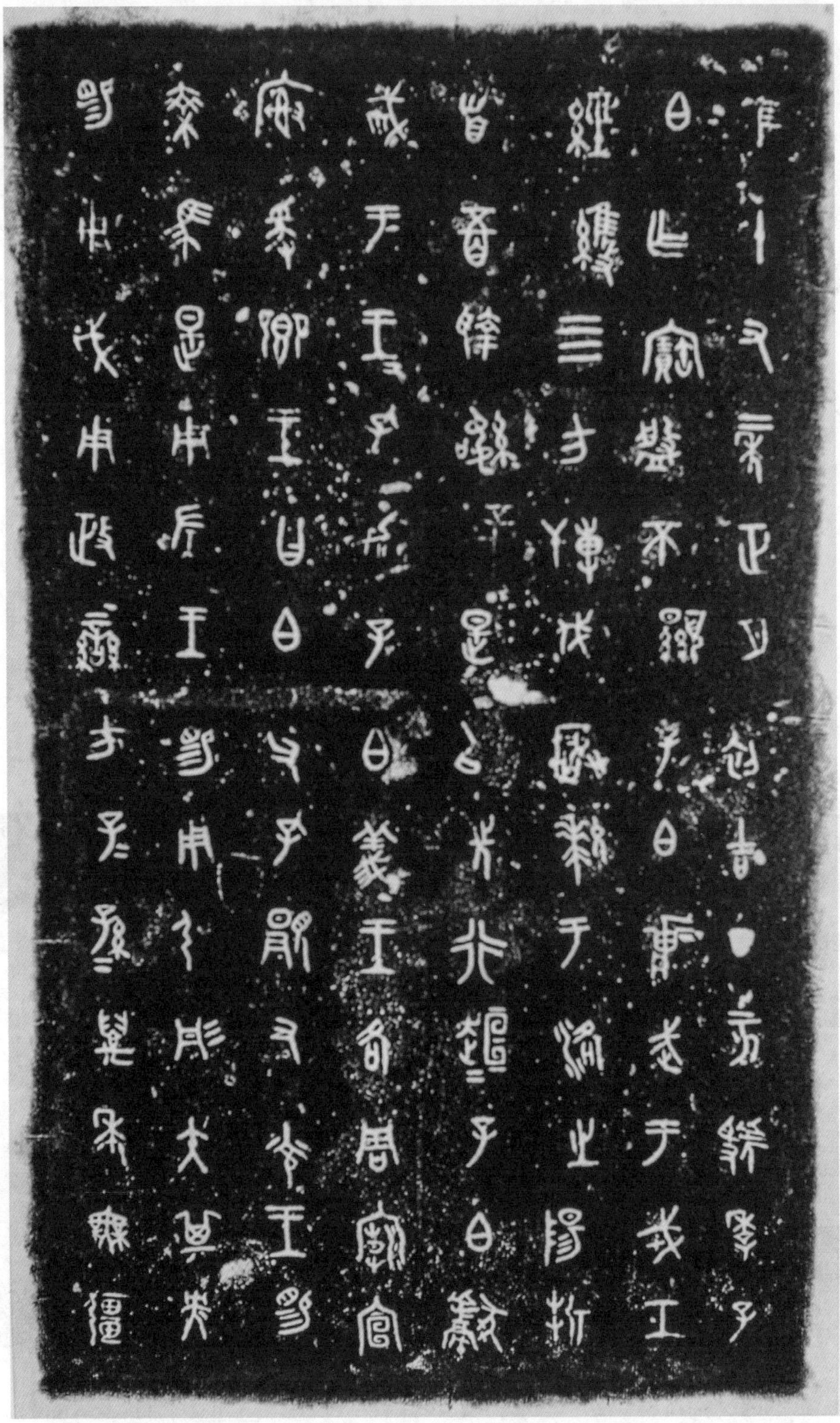

金文虢季子白盘铭文

第三个阶段是篆书。篆书分为大篆和小篆。大篆以春秋战国时的“石鼓文”为代表。

石鼓文

小篆是秦始皇统一天下后推行的文字，它比大篆更加标准，为汉字定型打好了基础。

古建筑墙面的篆书

第四个阶段是隶书。隶书变篆书的“圆笔”为“方笔”，确定了汉字的方块造型。

《中国古代书法——隶书》特种邮票

第五个阶段是楷书。楷书更简化，横平竖直，被誉为“字中楷模”，意思就是汉字的榜样、模范，直到现在还在使用。

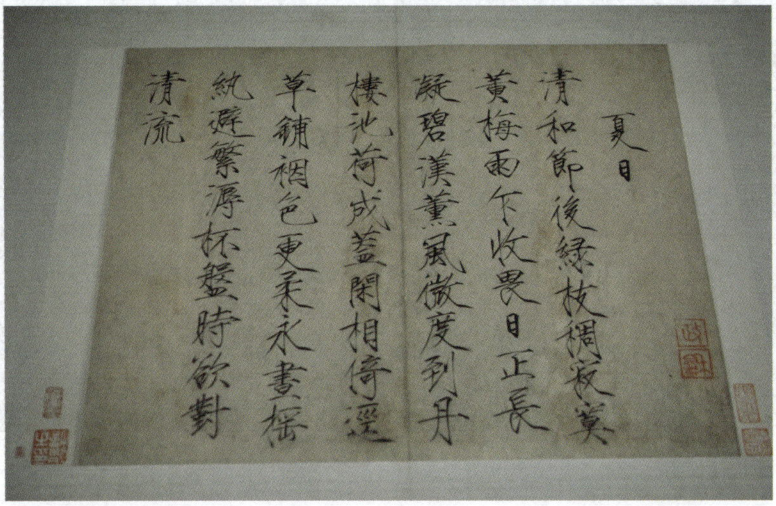

楷书《夏日》诗帖

在悠久的历史传承中，汉字的字形不断变化，它所包含的文化意义也在不断丰富、深化。借助汉字，我们可以看到中华大地上的时空变迁，体会中华文明生生不息的内在魅力。

关于汉字的造字法，汉朝以来，有“六书”的说法。汉字的造字方法有象形、指事、形声、会意、转注和假借。但严格说来，转注和假借这两种应属于用字的方法，所以此处仅介绍前四种。

象形

属于“独体造字法”。指的是用简洁的线条描摹物体形状来构成汉字的汉字构形方法。例如“月”字像一弯明月的形状；而“日”字则是一个圆形，中间有一点，很像我们在直视太阳时所看到的太阳的形态。象形字来自图画文字，象形是一种最原始的造字方法。

指事

属于“独体造字法”。指的是用抽象的符号结合字形或在象形字上增加抽象性符号来表示字义的汉字构形方法。指示与象形的主要区别在于指事字含有较抽象的部分。例如“刃”字是在“刀”的锋利处加上一点，以作标示；“上、下”二字则是在主体“一”的上方或下方标示符号。

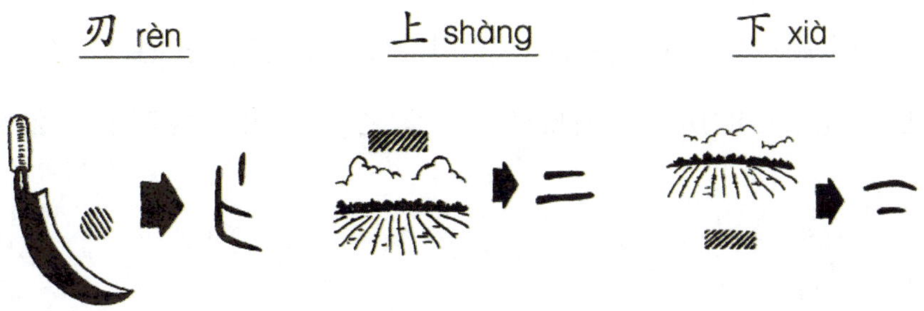

形声

属于“合体造字法”。指的是用表示意义或起标示作用的形旁和表示读音的声旁来组合成字的汉字构形方法。形声字由两部分组成：形旁（又称“义符”）和声旁（又称“音符”）。形旁指示字的意思或类属，声旁则表示字的相同或相近发音。我们所用的汉字，80% 以上都是形声字。例如“樱”字，形旁是“木”，表示它是一种树木，声旁是“婴”，表示它的发音与“婴”字相关；“河”字形旁是“氵”，表示水，声旁是“可”，表示它的发音与“可”相关。

会意

属于“合体造字法”。指的是依靠两个或两个以上字符的形体组合关系或意义组合关系来表现新字意义的汉字构形方法。例如“鸣”指鸟的叫声，由“口”和“鸟”组合而成；“解”字的“分解”字义，则是以用“刀”把“牛”和“角”分开来表现的。

甲骨文　小篆　隶书　楷书（繁体）　楷书（简体）

汉字是中华文化的重要载体，方形的汉字体现了中国人稳定、踏实的生活态度。许多汉字，人们通过观察字形就能了解到其蕴含的丰富的文化信息。比如中国人常说的“百善孝为先”（指孝敬父母在各种美德中占第一位），其中的“孝”字，像小孩搀扶老人的样子。再比如“仁”字，从甲骨文到小篆，其字形都表明古人心目中的“人”不是单独孤立的存在，而是存在于一种人与人交往的社会关系中，如父子、夫妇、兄弟、朋友之间都是这种“二人”关系。

在许多中国人眼中，“和”字最能代表中国人的精神。它是包括孔子在内的许多中国思想家，在长达几千年的历史中最推崇的理念之一。“和”意味着“公平、和谐、适中、温暖”等中国人为人处世之道。“君子和而不同”，意思是说，品格高尚的人在交往中能与他人保持一种和谐友善的关系，却不盲目附和。“和”字体现了中国人看待世界的原则与智慧。

“逆”字最初写作“屰”，像一个倒立的人形，就像是对面的人向自己迎面走来，表示迎接。现在我们通常在一些表示贬义的词语之中使用“逆”字，表示不顺，或与常态、常理相反的意思，比如“叛逆、逆子、逆行”。

不过，在中国的新闻中，有一个“热词”是“逆行者”。“逆行者”指在困难面前逆向而行的人，也就是迎着困难而上的人，他们可以是冲向火场的消防员，也可以是奉献自己的警察。“逆行者”已经成为迎着困难挺身而出，为了大众去勇敢面对困难并克服困难的那些勇士的代名词。

消防员插画

你喜欢喝什么？不同的人可能有不同的答案。但是如果你问中国人喜欢喝什么，那么大部分人的第一个答案应该就是茶了。“茶”这个字是“荼”的分化字，“荼”最开始出现在小篆中，本义是苦菜，又指茶树。仔细观察“茶”字，你会发现有一个“人”在草和木的中间，可以说“茶”将人与自然融为一体了，令人身心宁静。

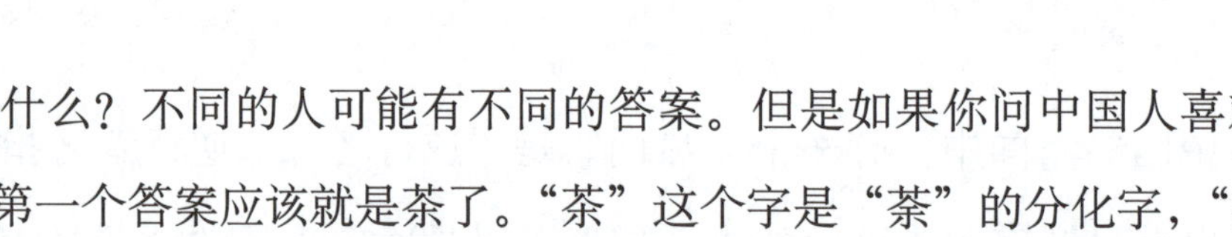

小篆　隶书　楷书（繁体）　楷书（简体）

汉字是人类历史上持续使用时间最长的文字之一，也是古文字中唯一传承至今且仍在广为使用的文字。中国各个时代都以汉字为主要官方文字。在古代，汉字还曾是东亚地区唯一的国际交流文字，20 世纪前是日本、朝鲜半岛、越南等地的官方书面规范文字。现在日语中仍然保留着相当一部分的汉字。

汉字产生于古代中国人对自然规律的记载和敬仰，以及对生产生活实践的记录，是中国人的文化符号和智慧结晶，是中华文化的基础与根本。

汉字蕴含着中国人的思维方式、价值观念、文化习俗等多方面的内容，学习汉字、研究汉字，了解每一个汉字背后的故事和演变的过程，能够让人感受到汉字的强大生命力和中国人的精神内核。古老而优美的汉字等你来发掘。

◎ 互动提问：

1. "孝"字是什么意思？它是如何构成的？

2. 你知道哪些由"和"字组成的词语？

3. 你最喜欢哪个汉字？它最初是什么样的呢？

4. 现在大家越来越习惯用打字代替手写汉字了，你觉得留学生还需不需要学习手写汉字？为什么？

5. 对你来说哪些汉字比较容易学习和记忆？哪些不容易？为什么？

◎ 延伸学习：

1. 动画：《你好，中国》

2. 动画：《三十六个字》

3. 演讲：《象形汉字学习法》

4. 书籍：刘墉、刘轩、刘倚帆《汉字有意思！》，北京：中信出版集团，2017 年。

5. 书籍：付云华《汉字多米诺》，北京：北京语言大学出版社，2018 年。

6. 书籍：陈嘉凌著、李楠绘《超有趣的汉字故事书》，北京：九州出版社，2019 年。

第二节　茶壶里的世界

你的国家最流行的饮品是什么？

你最喜欢什么饮品？

你知道最能代表中华文化的饮品是什么吗？

最能代表中国文化的饮品就是“茶”。茶大致可以分为六大类：绿茶、白茶、黄茶、青茶（乌龙茶）、红茶和黑茶。中国是茶的故乡，也是茶文化的发源地，据说中国人对茶的发现与利用大约有4000多年的历史，并且在中国，茶文化至今长盛不衰。今天，除中国外，全球很多地方也都热衷于茶文化。一杯清茶、一抹茶香，苦后回甘的滋味，带给中国人的是内心的平和与宁静。茶文化也是中华文化的重要组成部分。

茶具

早在2000多年前的西汉时期，就有文字记载了当时人们制茶、饮茶的日常生活。唐朝则有文字记载了当时中国人饮茶的潮流：“茶道大行，王公朝士无不饮者。”意思就是，茶道被广泛推行，王公贵族、大臣等没有不喝茶的人。如今，茶已经成为全球最有益于身心健康的大众化绿色饮料之一。

据说在唐朝的一个早晨，一座寺庙的禅师外出时，发现了一个无人认领的孩子，于是收养了他。这个孩子就是后来因对茶业发展做出了卓越贡献，而被后人尊称为“茶圣”

的陆羽。禅师非常喜欢饮茶，经常给弟子们讲解如何煮茶，这对年幼的陆羽有很大的影响。后来陆羽写了世界上现存的第一部综合性茶书——《茶经》。

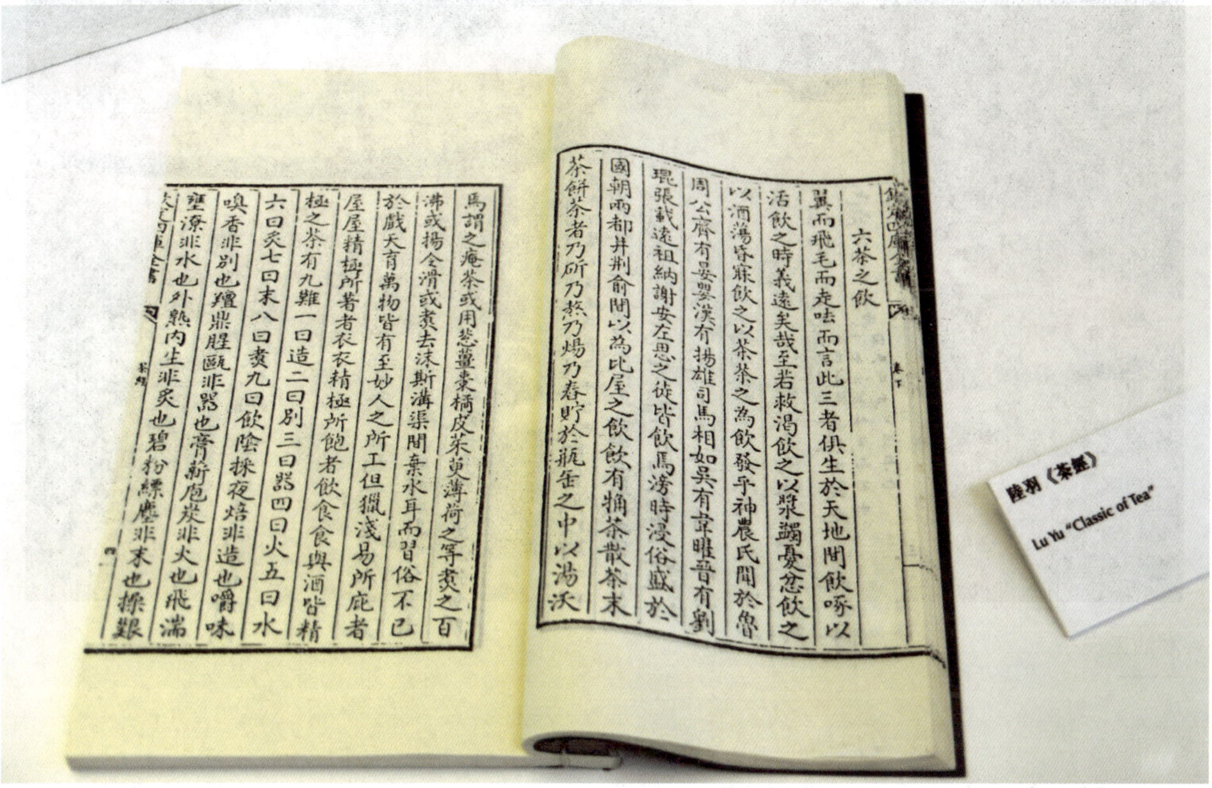

陆羽《茶经》

为了写《茶经》，陆羽走遍中国，对茶树的生长环境进行了考察。他认为：“上者生烂石，中者生砾壤，下者生黄土。”意思就是说茶树的生长环境越是恶劣，产出的茶叶泡得越是清香。中国人常说“茶如人生，人生如茶”，人品也像茶品，能战胜苦难的人才会更坚韧。小小的茶壶之中蕴含着大大的学问。

中国人追求和谐，讲究以茶待客、以茶会友。潮汕茶道就很有特点，也称为“潮汕工夫茶”。工夫茶冲泡有一套非常复杂的程序，至少包括 8 个步骤。在潮汕，几乎家家户户都有一套工夫茶具。只要家里来了客人，主人二话不说，一定先泡一壶茶招待客人。这也反映了中国人以茶表礼、以茶传情的文化传统。喝潮汕工夫茶，只摆 3 个茶杯，视为平等，饮茶人之间不分彼此、融洽和谐。茶泡好之后，泡茶者自己先不喝，请客人或在座的其他人喝，以表礼让。

潮汕工夫茶

除了在人与人的交往中发挥作用，在文化间的交流过程中，茶也一直担任着文明使者的角色。

茶马古道是古代中国西南地区进行茶马贸易所形成的交通路线，分川藏和滇藏等线路。藏区提供良马，内地提供茶叶，茶马古道以马帮为主要交通工具，将茶叶等物产运往尼泊尔、印度等国家和地区。茶马古道将茶香传遍世界，世界各国也有了更多的茶文化交流，形成了不同的饮茶习俗。比如，在英国，饮茶成为人们生活的一部分，由此衍生出一套社交规范；在日本，日本僧人将唐宋时期的抹茶和煎茶技艺带回国，形成日本茶道……在全球化的今天，茶文化逐渐成了联结不同文明之间的重要纽带。茶蕴含着人的智慧与力量，饮茶不仅能品尝茶叶的清香，更能从中体悟人生的意义。

如今，茶文化跨越了时空，其内涵在不断更新和扩大。现代的茶文化不再局限于传统的饮茶、品茶，还拓展到茶业生产、茶文化旅游等众多方面。茶产业不断转型和升级，茶业的文化内涵被不断挖掘。保护茶区生态环境，坚持走可持续发展道路，实现人与自然的和谐共处，凡此种种，构成了多元的现代茶文化。茶文化也跨越了国界，广交天下，成为人类文明的共同精神财富。

茶马古道

◎ 互动提问：

1. 你喝过茶吗？你爱喝茶吗？
2. 除了中国，你知道还有哪些国家有饮茶的习惯吗？
3. 你知道中西茶文化的区别吗？
4. 你去过中国的茶馆吗？你觉得与其他国家的咖啡馆有什么不一样？为什么？

◎ 延伸学习：

1. 纪录片：《走！喝茶》

2. 和茶有关的诗：

两碗茶

［唐］白居易

食罢一觉睡，起来两碗茶。
举头看日影，已复西南斜。
乐人惜日促，忧人厌年赊。
无忧无乐者，长短任生涯。

译文：吃完睡一觉，睡醒起来喝两碗茶。抬头看看太阳，又到了该下山的时候。快乐的人遗憾时间过得太快，忧愁的人厌恶时间过得太慢。那些无喜无忧的人，也不在乎时间的长短了，一切就顺应自然吧！

这首诗表达了作者不受喜怒哀乐困扰，积极面对人生的生活态度。

第三节 随水漂流的酒杯

你知道中国古代的文人会玩哪些游戏吗？这些游戏是怎么玩的？现在人们还在玩这些游戏吗？

中国古代的文字游戏非常丰富，比如对对联、对诗等。丰富多彩的文字游戏，加深了中国古代文人雅士之间的友情，丰富了他们的精神世界。现在我们就来简单了解一下古代文人的生活，感受他们的生活情趣与聪明才智。相信你一定能从中了解到中国文化的博大精深。

曲水流觞

曲水流觞，也称“流觞曲水”或者“流杯曲水”。“曲水”是指弯曲的水道，“觞”是古代的一种酒杯。据说这一活动与上巳节有关。上巳节在农历三月初三，这一天，人们会去水边洗一洗身体，以此来祓除灾祸和疾病，祈求吉祥幸福。后来还发展出一种饮宴风俗，即很多人坐在弯弯曲曲的水渠边，将特制的酒杯（又小又轻，可以漂浮在水面上）放在上游，让酒杯顺着曲折的水流慢慢漂流，酒杯漂到谁的面前，谁就拿起酒杯喝酒。

后来，文人雅士们把这种风俗发展成聚会时的一种游戏——酒杯停在谁的面前，谁就要当场写一首诗，如果写不出来就要喝酒。魏晋时期，文人雅士们特别喜欢这种活动，他们经常在风景美丽的地方举行聚会，在欣赏大自然美景的同时，喝酒娱乐，写诗作画，谈经论道。

曲水流觞

曲水流觞不仅仅是一种饮酒游戏，还因要作诗，而成为文人之间较量文采、交流思想的途径。关于曲水流觞最著名的一个故事发生在公元353年的三月初三，当时包括大书法家王羲之在内的40多名文人雅士在浙江会稽山阴兰亭（今属浙江绍兴）举行聚会，大家一起玩曲水流觞的游戏。那日，他们一共创作出了几十首诗，歌颂山川河流之美，表达聚会欢乐之情。这些诗被编成《兰亭集》，王羲之为它作序并写下手稿。《兰亭集序》后来被称为“天下第一行书”，是中国书法艺术史上的瑰宝。

序：常用来说明作者的创作意图和写作经过。

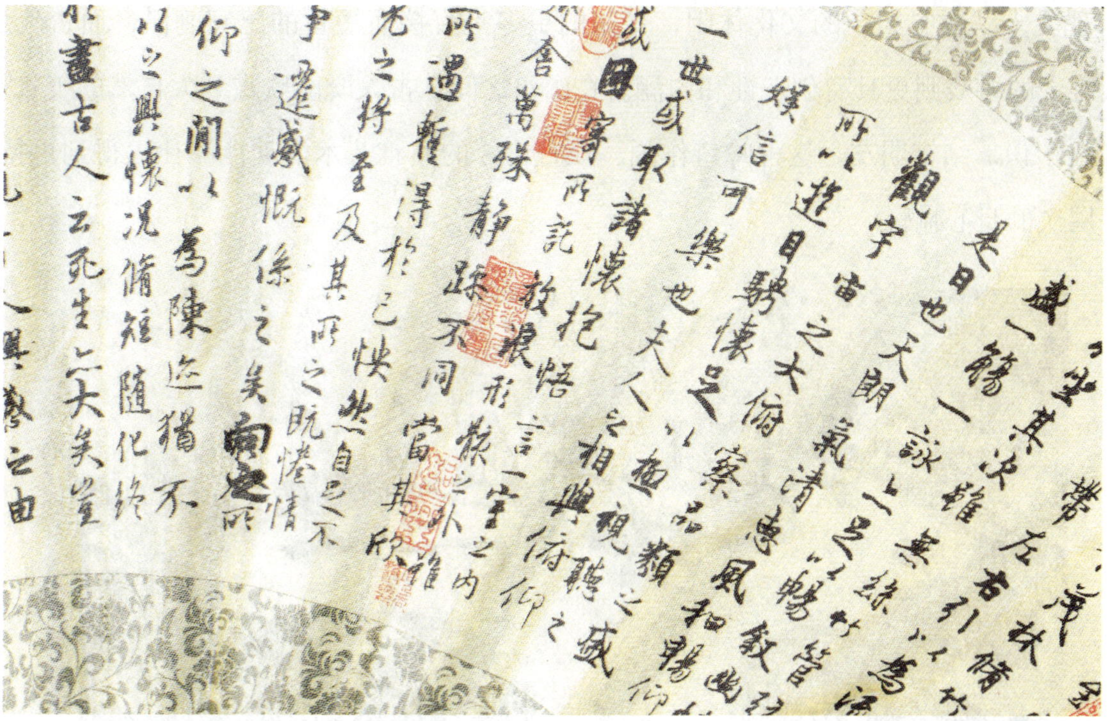

印有《兰亭集序》的扇面

北京故宫内廷外东路禊赏亭内的流杯渠

现代人“快餐式”的文化休闲，带来的更多是直接而短暂的感官刺激，而古代那些文人雅士的游戏则更具有创造性和内涵。在山水之间，古人既能欣赏到大自然的美景，还能增长学识，结交朋友。这种吟诗作画、谈古论今的高雅艺术活动能够让人得到更持久、更深层次的身心愉悦。

2016年，中国（杭州）国际茶产业博览会的“曲水流觞”体验活动

◎ 互动提问：

1.“曲水流觞”是什么意思？这一游戏是怎么来的？

2.“曲水流觞”这样的游戏有什么意义？

3. 你们国家有类似的游戏吗？

4. 你还听说过哪些喝酒或者吃饭的时候常做的游戏？请给老师或同学介绍一下。

5. 现代人的生活节奏比古代人要快，以后这些与吃饭、喝酒有关的游戏会不会慢慢消失？为什么？

◎ 延伸学习：

《百家讲坛》栏目：《新春史话3：东晋江南春意深》

对对联

对联是悬挂或粘贴在壁间柱上的联语。对联对仗工整，平仄协调，是一字一音的汉语的独特艺术形式。中国古代著名文学家苏东坡就是一个对对联的高手。有一次，苏东坡和他的好友黄山谷在一棵松树下喝酒下棋。一阵风吹来，一粒松子掉到棋盘上。苏东坡拿起松子，笑着对黄山谷说："我有一上联，你要是在三步棋的时间内对不上来，就要罚你喝三杯酒。"黄山谷很爽快地答应了。苏东坡说出上联：

松下围棋，松子每随棋子落。

松下围棋

黄山谷看到湖边的青青柳丝下面有一个钓鱼的人，心中马上想到了一联。但是，黄山谷想喝苏东坡为他倒的酒，就故意装作很为难的样子。苏东坡以为真的难倒了黄山谷，就笑着把酒递给他，黄山谷拿过酒杯一饮而尽，然后说：

松下围棋，松子每随棋子落；

柳边垂钓，柳丝常伴钓丝悬。

柳边垂钓

虽然苏东坡知道自己被戏弄了，但仍然连连称赞："妙！妙！妙！"

日落西山，天色渐晚，二人收拾东西准备回家。这时黄山谷见晚霞映在水面上，回头对苏东坡说道："晚霞映水，渔人争唱《满江红》。"然后拉着苏东坡就想向前跑。苏东坡蹲下身子，小个子的黄山谷怎么努力也拉不动他。然后苏东坡一松手，让黄山谷摔了个脸朝天。苏东坡哈哈一笑，吟道：

晚霞映水，渔人争唱《满江红》；

朔雪飞空，农夫齐诵《普天乐》。

◎ 互动提问：

1. 思考一下，第一副对联是什么意思？

2. 你怎么理解第二副对联呢？可以问问自己的中国朋友。

3. 你觉得苏东坡在这个故事里是一个什么样的人？

4. 你最喜欢的中国文学家是谁？为什么喜欢他？

5. 现在有软件可以帮助写文章、作诗，你觉得这些软件以后能代替人的写作吗？为什么？

◎ 延伸学习：

1.《百家讲坛》栏目：《翰墨风雅苏东坡 6：洞庭春色》

2. 书籍：[宋]苏轼著、刘石导读《苏轼词集》，上海：上海古籍出版社，2009 年。

高山流水遇知音

古琴是中国传统乐器，有 3000 多年的历史。古琴音域宽广，音色深沉，余音悠远。2003 年 11 月 7 日，中国古琴艺术被联合国教科文组织选为“人类口述和非物质文化遗产代表作”。2006 年 5 月 20 日，古琴艺术被列入中国第一批国家级非物质文化遗产名录。

在中国，如果一个人特别了解你，能够读懂你的内心，就可以将这个人称为你的“知音”或者“知己”。那你知道这种说法是怎么来的吗？这个说法也和古琴有着紧密的联系。

伯牙是春秋战国时期著名的琴师，他既是弹奏古琴的能手，又是作曲家，被人尊称为“琴仙”。据说他学琴一段时间后，总觉得自己还不能出神入化地表达对各种事物的感受。他的老师知道后，就把他带到东海蓬莱岛上，让他欣赏大自然的景色。伯牙看着海上的风景，听着大海的涛声和群鸟的叫声，耳边仿佛响起了大自然和谐动听的音乐，他情不自禁地取琴弹奏，把大自然的美妙融进了琴声里。但是无人能听懂他的音乐，他感到很不开心。

伯牙石像

蓬莱岛

一天，伯牙乘船，面对眼前的美景，思绪万千，就弹起琴来。悠扬的琴声吸引了岸边的樵夫（指以砍柴为生的男子），于是伯牙就请樵夫上船。伯牙弹起赞美高山的曲调时，樵夫说："雄伟而庄重，好像高耸入云的泰山一样！"当他弹奏表现奔腾的波涛的曲调时，樵夫又说："宽广浩荡，好像看见滚滚的流水、无边的大海一般！"伯牙弹奏时想要表达的情感，樵夫总能从他的琴声中体会到。伯牙激动地大喊："知音！知音！知音！"这个樵夫就是钟子期。

后来钟子期死了，伯牙知道后，就在钟子期的坟前弹了自己一生中的最后一支曲子，然后摔琴谢知音，终生不再弹琴了。

伯牙和钟子期

这就是"高山流水遇知音"的故事，高山流水用来比喻优美动听的音乐，也可以比喻知音或者知己。

伯牙子期的故事千古流传，高山流水的美妙乐曲至今还回荡在人们的耳边。那种知音难觅、知己难寻的故事仍世世代代上演着。

◎ 互动提问：

1. 你能用自己的话来讲一讲伯牙和钟子期的故事吗？你们国家有类似的故事吗？

2. 你如何理解“知音”？你觉得知音难寻吗？

3. 人类为什么那么希望别人理解自己的感受？你觉得理解别人感受时的最大困难是什么？

4. 你觉得中国的谚语“酒逢知己千杯少”表达了一种什么样的情感？你有过这样的感受吗？

◎ 延伸学习：

《百家说故事》栏目：《高山流水》

第四节　中国的瓷器

中国是最早发明瓷器的国家，考古发现，早在夏朝，中国就出现了近似瓷器的青釉陶器。瓷器的前身是陶器，釉陶是瓷器产生的基础。中国的先民在新石器时代就已经开始制作陶器了。由于当时人类社会生产力低下、物质文明程度不高，因此这一时期的陶器粗糙、古朴，制作工艺不够精良。在已出土的陶器中，主要品种有灰陶、彩陶、黑陶和印纹硬陶等。

仰韶文化，白衣彩陶钵与花瓣纹彩陶钵

仰韶文化，小口尖底陶瓶

河姆渡文化，五叶纹陶块

河姆渡文化，猪纹钵

良渚文化，陶猪

良渚文化，刻纹陶盘

大汶口文化，彩陶背壶

大汶口文化，彩陶盉

隋唐至五代时，中国瓷业的发展有了南北地区的差异。南方窑场的青瓷生产处于领先地位，以越窑青瓷为代表；北方窑场则有巩义窑和耀州窑，主要生产青瓷、白瓷、唐三彩等。

唐，三彩釉陶骑马驿使俑

唐，三彩三足炉

到了宋代，中国陶瓷工艺发展到成熟阶段，有汝、定、官、哥、钧五大名窑。

宋，汝窑盘

宋，定窑白釉划花游鹅纹碗

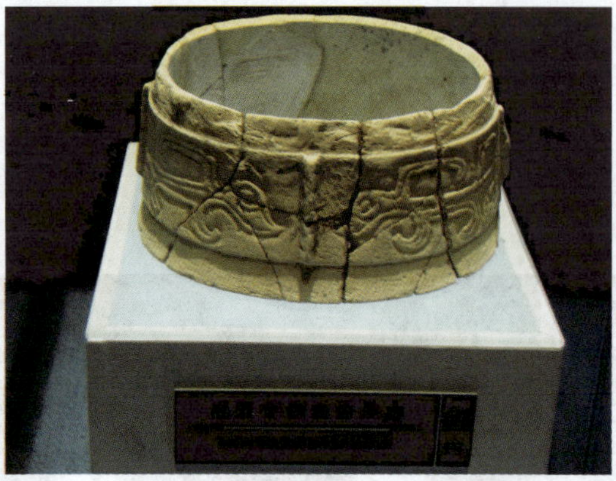

南宋，官窑素烧器座

南宋，哥窑盘

北宋至金，钧窑天蓝釉紫红斑折沿盘

元代时，虽战乱频繁，打击了制瓷业，但制瓷工艺仍有所创新，创烧了釉里红瓷器，该瓷器品种烧造于景德镇窑。明、清两代，景德镇一直是中国的瓷器中心，釉里红瓷器与青花瓷是景德镇瓷器的两大品种。

明洪武，釉里红松竹梅纹玉壶春瓶

青花瓷是中国最具民族特色的瓷器之一。明代是青花瓷的成熟期，永乐青花和宣德青花是青花瓷的至上之品，出产于明代永乐和宣德年间，大多由景德镇烧制。

明，青花海水云龙纹扁瓶

明宣德，景德镇窑青花双凤纹盘

青花瓷何以在中国瓷坛占有重要地位？这主要是因为它与中国人长期追求的文化和美学精神相契合。中国人认为，最高的美是一种平淡天然的美，任何过于造作的艺术都与这种精神相违背。青花瓷作为中国瓷器的代表，以白色和蓝色构筑了简洁清雅的世界，表现出了宁静之美。

清代康熙、雍正、乾隆三朝是中国制瓷历史上的黄金时期。清代瓷器的纹饰内容丰富、手法多样，且因时代背景、流行风尚、技术条件的差异而各具特点。瓷器的装饰包括纹饰、釉色和造型等方面，它们作为最直观的表现手段，浓缩了科技、经济、政治、民俗、历史等信息。清朝的瓷器装饰既有相似的面貌，又有各自历史背景下的差别，在主流的必然趋势中还存在着一些偶然的因素，如新技术的引进、人才的选用、帝王兴趣的变化等，它们共同创造了盛清瓷器的辉煌。

康熙时期的瓷器品种丰富，造型古拙，胎体厚重，以红、黄、蓝、紫、绿等五彩釉为主，而少青花品种。这一时期创烧了珐琅彩、粉彩等，其中一个特征是有花无鸟。雍正皇帝偏爱“文雅”的风格，这一时期瓷器的装饰清秀典雅，构图简洁清晰，纹饰多偏重图案化。乾隆皇帝的审美倾向与康熙、雍正有些差异。乾隆时期的瓷器装饰比较多，图案比较丰富，很多人认为其“浑厚不及康熙，秀美不如雍正”。

清康熙，珐琅彩缠枝牡丹纹碗

清乾隆，粉彩婴戏纹盆

中国瓷器经由丝绸之路深刻地影响了世界各国人民的生活与文化，成为世界各国了解中国的一张名片。牛津大学东方学院教授奥利佛•沃特森认为：“中国的瓷器就工艺而言，是非常重要的。在中世纪及近代早期，其为欧洲提供了最重要的陶瓷制作工艺。而最为重要的，则是中国瓷器为不了解中国文化的大众，展现了浑然天成的中国图像。”

◎ **互动提问：**

1. 你能用自己的话来说一说中国瓷器的发展历史吗？
2. 你的国家使用瓷器吗？你们国家的瓷器和中国的瓷器有什么异同？

◎ 延伸学习：

纪录片：《中国陶瓷》

03

第三章 中国与世界

第一节　石窟藏着东西方 / 54

第二节　中外人文交流的使者 / 61

第三节　古往今来的留学生 / 68

第一节　石窟藏着东西方

东方和西方的文化是从什么时候开始交流的？

西方的文化艺术与中国的文化艺术是如何互相融合的？

东方和西方是从西方“地理大发现”后才开始交流的吗？要寻找这个问题的答案，可以沿着丝绸之路去看看那里的敦煌莫高窟。你会发现，在西方人开辟海上航线的1000多年以前，东方文明和西方文明早已相遇。

敦煌莫高窟标志性建筑——九层楼

敦煌，位于中国甘肃省，是丝绸之路上的一个重要城市。

丝绸之路上有很多往来于古代印度与中国的僧人。公元366年，一位名叫乐僔的僧人路过敦煌。相传，他突然间看到鸣沙山上有万丈金光，好像有千万尊佛在金光中现身，于是在这里的崖壁上开凿了第一个石窟。之后，越来越多信奉佛教的人们，也学着他的样子在这里建造起石窟。据说，这就是莫高窟的由来。

1000多年来，随着丝绸之路的兴盛，这里的石窟也越来越多。最初简朴的石窟变得越来越华丽，里面也有了越来越多庄严的佛像和华美的壁画。如今，莫高窟成为世界上现存规模最大、内容最丰富的石窟寺遗址。在这个“宝库”中，有洞窟740个、壁画4.5万多平方米、彩塑像3000余尊。它凝聚了古代中国好几个朝代的开窟人、僧侣和工匠们的心血，他们为后世造就了一座集壁画、彩塑、石窟于一体的艺术殿堂。1987年，联合国教科文组织将敦煌莫高窟列入《世界遗产名录》。

敦煌壁画

佛教源于古印度，佛教石窟亦如此。佛教传入中国后，石窟逐渐被开凿，按功能分有礼拜窟、禅窟、龛窟等。不同时代的石窟建筑、绘画与雕塑呈现出了不同类型的艺术风格，可以看出佛教在中国传播的过程中，中国艺术家将古代印度、中亚地区很多国家的雕塑、建筑造型等艺术与中国的艺术相结合，使东西方文明在此碰撞、交融，创造出了有中国文化特色的佛像造像、建筑艺术等，其中也有不少是现存古建筑的杰作。

敦煌壁画中的九色鹿

敦煌莫高窟雕像

敦煌莫高窟的建筑除了禅窟、殿堂窟等形制，还有一些佛塔。早期石窟的中心塔柱式窟形是外来形式的窟形，这说明了中国古代艺术家在接受外来艺术的同时，对其有选择地加以消化、吸收，最终设计出有中华民族特色的建筑形式。

北京故宫“敦煌特展——复制洞窟展”：莫高窟第 285 窟

敦煌莫高窟第 158 窟，涅槃窟

营建于盛唐时期的第45窟有着栩栩如生的群体雕塑。这些塑像是莫高窟现存最精美的一些唐代塑像，造型生动，十分传神，代表了唐代极高的审美水平和雕塑技艺。

敦煌莫高窟第45窟里的群塑

飞天是敦煌壁画中最常见的形象之一，它源自古印度的“天人”。“天人”与中国传统神话中的“仙人、仙女”结合，形成了中国式的“飞天”。随着时代的更替，飞天的形象也在不断变化，从圆润丰满变得纤细灵动。这些形象是敦煌艺术家吸收多元文化，并不断创新艺术形式的体现。

敦煌壁画中的飞天

欣赏石窟里一幅幅优美的壁画时，你可能会联想到土耳其卡帕多西亚的格雷梅露天博物馆。1000 多年前，基督教的修士们在那里开凿了一个个洞窟，修建成一座座小教堂，再绘上一幅幅精美的《圣经》故事。如此看来，古代东西方不同的宗教世界里，对文明的传承与表达似乎有着相似的地方。

中国文化大师季羡林先生曾说，世界上历史悠久、地域广阔、自成体系、影响深远的文化体系有四个，即中国文化、印度文化、希腊文化、伊斯兰文化……而这四个文化体系汇流的地方只有一个，就是中国的敦煌和新疆地区……敦煌是丝绸之路上的一颗璀璨明珠，见证了丝绸之路的繁荣。如今在共建“一带一路”倡议的带动下，千年古城敦煌再次成为人们关注的焦点。

◎ 互动思考：

1. 你还知道有哪些类似敦煌莫高窟的石窟艺术吗？

2. 你们国家有哪些由不同文化相结合而产生的艺术建筑？

3. 有时文物保护和古代文化推广之间存在一些矛盾，你认为应如何处理这两者之间的关系呢？如，如果参观敦煌石窟的人太多了，可能会破坏文物；如果不让参观，又会影响大家对文物的感知和了解。

◎ 延伸学习：

纪录片：《敦煌》

第二节　中外人文交流的使者

外国人是如何在中国介绍自己国家的文化知识的？

哪些中国人把中国的文化艺术介绍给了世界？

国家间的人文交流内容既包括衣食住行、婚丧嫁娶等日常生活，也包括思想、宗教、文学、艺术、语言等。人文交流的途径多种多样，如派遣政府使节、留学生，发行相关书籍杂志，以及进行宗教交流、商业往来等。其中，古今中外的“外教”群体在中外人文交流方面发挥了重要的作用。

16 世纪以前，中外人文的交流多是通过游牧民族、使节、商人等途径进行的，而明清之际的中外人文交流则显现出中华文明与西方文明更具实质性的接触。

明清时期，中西人文交流的代表人物是利玛窦（1552—1610）。利玛窦来自意大利，是最早来华的耶稣会传教士之一。他于 1582 年来到中国，一边游历一边传播当时西方的自然科学知识。

利玛窦雕像

利玛窦向中国介绍了西方的几何学、地理学知识，以及人文主义的观点，引领了当时中国人学习西方文化的风气。利玛窦与徐光启等人合译的《几何原本》极大地影响了中国原有的数学学习和研究方式，改变了中国数学的发展方向，是中国数学史上的一件大事。除此之外，利玛窦还绘制了世界地图《坤舆万国全图》。为便于中国人接受，他改变了欧洲人绘制世界地图以大西洋为中心的做法，将中国置于图的中央。同时，利玛窦还积极向西方介绍中国文化，将“四书”译为拉丁文，为明代中西文化交流做出了重要贡献。

《坤舆万国全图》

中西方人文交流从来都是双向的，影响也是相互的。正如季羡林先生所说，在中西文化交流史上，“东学西渐”从来就没有中断过，中国人不但能够拿来，也能够送去。在“西学”大规模进入中国的同时，中国文化也在走向世界。今天的哈佛大学燕京图书馆的墙上悬挂着一幅照片，照片里是一个清代官员打扮的中年人。这个人是第一位到美国名校任教的中国学者。他建立起了哈佛大学的中文教育，在中美文化交流史上写下了自己的名字——戈鲲化（1838—1882）。

1879 年，经人推荐，戈鲲化与美国哈佛大学签订了赴美任教合同。他携带一大批中国书籍，和家人一起于当年 8 月底抵达哈佛大学。戈鲲化在 1879 年 10 月 22 日正式开课，学生并不局限于本校人士，任何有兴趣了解中国的学者，或者希望从事外交、海关、商业及传教事业者，都可以学习他的课程。他的第一份教材是一篇小说。戈鲲化每周上 5 天课，每次上课他都会穿上官服，并要求学生尊师重道。

戈鲲化

在哈佛，戈鲲化的教学以其丰富的内容、充分的准备和高超的技巧著称，深受学生和同事的好评。戈鲲化是作为语言老师被聘任的，但他的文化自豪感让他更想做一个文化传播者，而不仅仅是语言老师。他选择的教学载体是中国诗歌，在任何场合，他几乎都不忘吟诗、讲诗。作为诗人的戈鲲化，用中国诗歌的魅力和中国诗人的气质，感染了几乎从未接触过中国文化的美国人。

戈鲲化因病于 1882 年去世，享年 44 岁。虽然戈鲲化在美国教学的时间只有短短 3 年，但敬业的精神和过人的才能使他创造出 3 个“第一”的纪录：登上哈佛讲台的中国第一人，他带去的若干书籍成为哈佛燕京图书馆馆藏的第一批图书，编撰出版第一部以西方人为受众的、中英文对照的中国文化教材。戈鲲化对推动中美两国的人文交流做出了非常重要的贡献，他的名字将永远留在中美人文交流的史册上。

让我们把目光从历史移回到现代。学习其他国家的语言文字，是世界各国的广泛需求。在这一领域内，“外教”群体一直发挥着重要的作用。中文教育正在迅速成为海外外语教育的“主力军”。为解决世界各国中文师资短缺问题，中国教育部中外语言交流合作中心设立了国际中文教育志愿者项目，招募有志从事国际中文教育的志愿者赴海外任教，目前已向百余个国家和地区派出了几万名志愿者。他们以吃苦奉献的精神和出色的工作表现，给各国人民留下了美好的印象。

2023 年第四期国际中文教育志愿者岗前培训合影

同时，活跃在世界各地的孔子学院教师也为其他国家和地区的人学习中文、了解中华文化、与中国人友好交流做出了重要贡献。各地孔子学院教师充分利用自身优势，开展了丰富多彩的教学和文化活动，使得孔子学院成为各国学习中国文化、了解当代中国的重要窗口，并受到当地社会各界的认可与欢迎。孔子学院增进了世界各国人民对中

印尼孔子学院举办系列活动迎中国春节

留学生“沉浸式”体验中国传统技艺

国语言及文化的了解，加强了中国与世界各国的教育合作和人文交流，促进了世界文化多元发展。

与此同时，随着国际化、全球化、信息化的不断深入，中国人学习外语的需求也越来越高，并且外语学习呈现出低龄化的特征，很多人从幼儿时期就开始学习外语。

互联网技术的发展为语言教学提供了更加便利的条件，学生和老师可以通过网络平台进行交流。“在家学外语”成了一种全新的教学方式，各大语言教学网络平台如雨后春笋般纷纷涌现。想培养语言兴趣、提高外语口语能力的中国人，足不出户就可以与各国教师沟通、交流、学习。

世界正变得越来越“小”，人文交流也前所未有地突破了空间的限制，今天的“外教”们已经可以足不出户地完成人文交流的使命了。

网络外教课

◎ 互动提问：

1. 你还知道哪些文化交流使者的故事？
2. 你们国家都有哪些推广语言和文化的使者？
3. 你打算怎样为中外文化交流做出自己的贡献？

◎ 延伸学习：

1. 纪录片：《利玛窦在中国》
2. 纪录片：《岩中花树》

◎ 延展阅读：

历史上的中外人文交流使者

1. 鉴真（688—763），中国唐代有名的僧人。鉴真在公元742年收到日本留学僧邀请，决定到日本宣讲佛法。他曾5次尝试东渡，但都因各种原因未能成功，并在尝试东渡期间双目失明。753年，鉴真决定第6次东渡，并于754年成功在日本登岸，次年被迎入奈良东大寺。鉴真被尊称为“日本律宗初祖”，在营造、塑像、壁画等方面，他与弟子采用唐代最先进的工艺，为日本奈良时代艺术高潮的形成增添了异彩。唐招提寺建筑群，即为鉴真及其弟子留下的杰作。建筑群的整个结构和装饰，都体现了唐代建筑的特色，是日本现存奈良时代的重要建筑。鉴真对日本最突出的贡献是医药学知识的传授，他被日本人奉为“医药始祖”。同时，日本豆腐业、饮食业、酿造业等也认为其技艺为鉴真所授。

2. 南怀仁（1623—1688）是清初最有影响力的来华传教士之一，为近代西方科学知识在中国的传播做出了重要贡献。南怀仁是康熙皇帝的科学老师，曾经长时间给皇帝讲授几何学和天文学。南怀仁不仅将《几何原本》译成了满文，还陪同皇帝出巡，沿途为皇帝观天测地。除此之外，他还设计和监制了很多天文仪器，这些仪器作为中西科学交流的历史见证，至今仍陈列在北京古观象台。南怀仁还曾奉命铸造大炮，他设计的“神威将军炮”“武成永固大将军炮”和“神功将军炮”被选入清代国家典籍《钦定大清会典》。中国国家博物馆现藏有一尊南怀仁制造的“武成永固大将军炮”。另外，南怀仁曾编撰了多种地理学著作，并绘制了数种地图，它们成为 17 世纪地理学和地图学在中国发展的标志。

3. 赵元任（1892—1982）是中国现代语言学先驱，被誉为“中国现代语言学之父”。同时，他也是中国现代音乐学先驱，“中国科学社”的创始人之一。赵元任在语言学方面的代表作有《现代吴语的研究》《中国话的文法》《国语留声片课本》等，在音乐方面的代表作有《教我如何不想她》《海韵》等。赵元任先后任教于美国和中国知名大学，曾获美国普林斯顿大学（1946）、加州大学（1962）、俄亥俄州立大学（1970）荣誉博士学位，加州大学“教授研究讲师”（1967），北京大学荣誉教授（1981）。

第三节　古往今来的留学生

"留学生"这个词是现在才有的吗？
以前的留学生生活是什么样的？

我们把在其他国家学习的学生称为"留学生"。据说，这个词不是现在才有的，而是诞生于1200多年前的中国唐朝。

历史上的唐朝强大、繁荣、开放，与周边的许多国家常有往来。当时中国和日本的文化交流非常频繁，日本每年都会派遣一些使者来中国学习，他们被后世称为"遣唐使"。和遣唐使一起坐船来的还有另外一些人，遣唐使回国后，他们仍然需要留在中国学习，这些留在中国学习的日本学生被称为"留学生"。当时的许多其他国家，也都有大批的留学生在唐朝的首都长安留学。

大唐风华

当时有个官署叫“鸿胪寺”，它不仅负责外交事务，还负责管理外国留学生。到唐朝留学的学生必须在相关部门进行学籍登记，同时也要服从唐朝对他们生活、住宿等各方面的安排和管理。当时唐朝对留学生的生活有一些严格的规定，比如留学生不能与唐朝的女子结婚，如有特殊情况，需要经过有关部门准许，婚后只能在中国生活。

鸿胪寺是留学生的管理机构，而国子监则是留学生的教育机构。留学生入唐后，会被安排进入国子监，与唐朝学子一起学习经籍文史、算数、书学、律学等专业知识。不是任何人都可以申请到唐朝来留学的，据说到唐朝留学的第一个要求就是能进行一定程度的语言交流，再有就是留学生的学费、书费需要由自己负责。唐朝不仅为留学生设立了奖学金，还允许外国留学生参加其举行的科举考试，考试通过就可以在唐朝做官。因此，胸怀开放、气度非凡的唐朝对留学生们极具吸引力。

在历代的留学生中，有许多人学成回国，为自己的国家发展做出了巨大贡献；也有许多留学生留在中国生活、工作，为中国与其本国的文化交流做出了巨大贡献。下面我们就一起认识两位曾在中国工作的外国留学生吧！

崔致远——新罗少年下扬州

今天，许多到访扬州的游客，都会慕名前往崔致远纪念馆参观。崔致远是谁？为什么有这么多人来这里参观？

崔致远（857—？），新罗人，朝鲜半岛历史上第一位留下个人文集的大学者、诗人，被尊奉为朝鲜汉文学的开山鼻祖，有“东国儒宗、东国文学之祖”的称誉。

公元874年，中国正处于唐朝时期。和每年一样，当年也仅有几十人考中进士。其中，有一位名叫崔致远的新罗人成为大家关注的焦点：一方面因为他不是唐朝人，另一方面则因为他还不到20岁。在当时，50岁能考中进士都是一件了不起的事情。崔致远是他们中最年轻的一员，而且他在唐朝完成学业后，还留在扬州工作了多年，并在此创作了大量诗作。可以说，崔致远是中朝人文交流史上最有名、最有成就的留学生。

江苏扬州五亭桥

阿倍仲麻吕——官位最高的留学生

开元年间，长安可以说是世界上最繁华的城市。勤奋好学的日本奈良时代的留学生阿倍仲麻吕（即“晁衡”，约 698—770）经过在国子监的多年苦学，考中了进士，后在唐朝做官。不仅如此，他还与著名诗人王维、李白等都是好友。公元 753 年，阿倍仲麻吕决定回到自己家乡日本。他将怀乡之情，化为一首著名的《望月望乡》（翘首望东天，神驰奈良边。三笠山顶上，想又皎月圆）。这首和歌传到日本后，无数日本人读了都很感动。

阿倍仲麻吕本以为自己能顺利回到故乡，过上悠闲的生活。不料天有不测风云，他们乘坐的海船遇上风暴，发生事故，万幸的是一行人保住了性命。由于消息闭塞，阿倍仲麻吕无法发信报平安，大唐朝野上下以为他早已遇难，朋友们都难过异常。

后来，阿倍仲麻吕历经万难再次回到长安，将自己毕生所学奉献给大唐，直到大历五年（770）在长安病逝。如今，中国西安与日本奈良分别建有一座“阿倍仲麻吕纪念碑”。作为友好的使者、优秀的留学生，阿倍仲麻吕为中日两国人民千古传诵。

长安印象

时光飞逝，他们的故事已跨越了千年。中华人民共和国成立后接受培养的来华留学生，同样为中国与不同国家开展友好交流合作做出了巨大的贡献。这些留学生中的一些人后来成了驻华大使、汉语言专家、历史学教授、新闻机构驻华首席记者等。

如今的中国与世界早已密不可分。根据中国教育部《2018 年来华留学统计》，2018 年共有来自 196 个国家和地区的 492,185 名各类外国留学人员，在中国 31 个省（区、市）的 1004 所高等院校学习。越来越多的留学生在中国工作、生活，用新时代的新方式讲述着自己与中国的故事，推动着中国与世界的交流。

◎ **互动提问：**

1. 你有哪些在中国留学时发生的故事想与朋友们分享呢？
2. 对你来说，留学最重要的意义是什么？

04

第四章 今日中国

第一节　短视频里看中国 / 74

第二节　电商，打开职业想象 / 77

第三节　广场里的老年人 / 79

第四节　大漠深处治沙人 / 84

第五节　无人驾驶汽车 / 90

第一节　短视频里看中国

你是否会被短视频里的中式田园生活和美食美景所吸引呢？

乘地铁时、下课后，中国人都在手机上看什么呢？

你有没有用过抖音、快手？

清晨，大山里空气清新，太阳升起来了，鸟儿们在歌唱，在一些网络制作的视频里，我们看到了中国乡村的美景美食和诗意生活。

短视频是一种时间较短的视频形态，具有创作门槛低、内容多元化等特点，包括生活分享、街头采访、运动健身、旅行、美食、宠物等主题，适合在休闲娱乐时观看。短视频是当代中国人自我表达、记录生活的重要方式，通过短视频，我们能了解当下中国人的心理特征和价值追求。

艺术家正在拍摄短视频

短视频已经在中国快速发展了十余年，设计人员开发出了不少短视频 App（应用程序）。这些 App 推出了众多优秀的短视频产品，收获了庞大的短视频用户群体。中国互联网络信息中心（CNNIC）发布的第 51 次《中国互联网络发展状况统计报告》显示，截至 2022 年 12 月，中国短视频用户规模已达 10 亿，用户使用率高达 94.8%。

当今时代，随着信息技术的进步、智能手机的普及和网络的提速降费，制作、分享短视频的成本及难度不断降低，只要一部智能手机就可以完成短视频的拍摄、剪辑和发布，人们可以随时随地分享自己的所见所感。与此同时，生活和工作节奏不断加快，几分钟甚至几秒的短视频就能提供大量信息，所以非常受人们欢迎。

短视频可以让每个人都“被看见”，无论是谁，都能为自己发声。每一种真诚的生活都值得被看见、被理解、被尊重。开放包容的短视频平台让人们开辟了一个展示生活的渠道，展现了普通人对生活的真切观察与思考。

手机制作短视频

短视频中的人们来自中国的东西南北，他们的乡音风俗、生活状况各不相同，但笑容都同样灿烂。不同职业、性别、年龄的人，都可以在短视频中呈现时代之美，展示万花筒般的多彩生活，分享苦辣酸甜的生活百味，传达积极乐观的生活态度。很多用户自制的短视频来自生活随拍，“展示美好生活”是短视频用户参与拍摄的重要动力。

在短视频中，我们能看到边哭边认真练习乒乓球的 4 岁小女孩，能看到独自开车旅行享受美景的 50 岁阿姨，能看到快递小哥与一个个陌生人挥手再见……这些都是中国人生活的真实而温暖的记录。短视频的背后，是一颗颗向往美好生活的心和一个个有趣的生命。

通过短视频的传播，中国传统的精巧技艺与艺术受到了更多当代人的追捧。刺绣、剪纸、印染、皮影、竹编等非物质文化遗产项目的相关内容，常常赢得如潮的点赞和评论。

阿木爷爷是一位从事木工 50 年的匠人，他不用一根钉子、一滴胶水，仅使用榫卯连接（即利用木材之间挤压、嵌合，将相邻构件组合起来的连接方式），就能将木头打造成微缩版的世博会中国馆，再现鲁班凳、鲁班桌等精致工艺品。他因手艺纯熟，被网友誉为“当代鲁班”。

中国四川省甘孜藏族自治州理塘县的藏族小伙儿丁真因为短视频中的纯真笑容“红”遍中国，受到人们的关注和喜爱。透过他澄澈的双眸、淳朴的话语，人们发现了他身后常年云雾缭绕的卡子拉山、广阔无垠的草原美景、万马奔腾的赛马盛会。

天南海北的用户通过短视频交流互动，分享生活，甚至从虚拟社交走向真实社交，结交到好友知己，共享对生活的热爱。这些短视频作品记录了社会的进步和曾面临的挑战，展现了不同群体的悲伤与喜乐，从一定程度上展现了中国的时代变迁。

◎ 互动提问：

1. 你觉得短视频如此受欢迎的原因是什么？
2. 能说一说你最喜欢的短视频类型吗？为什么喜欢呢？
3. 短视频给我们的生活带来了哪些好处和哪些问题？
4. 你怎么看短视频与保护个人隐私之间的关系？

◎ 延伸学习：

1.《新闻直播间》栏目：《“阿木爷爷”成海外网红，63 岁老木匠干到老学到老》
2. 纪录片：《丁真的世界》

第二节　电商，打开职业想象

【你知道吗？】

电商（Electronic Commerce）是“电子商务”的简称，指在互联网、企业内部网和增值网上以电子交易方式进行的贸易活动和相关服务。

【场景一】

乔西是北京语言大学的一名大三学生，他来自英国，已经在北京生活3年了。这是他的一个周末。早上醒来，他“刷”了会儿微信“朋友圈”和微博。中午12点，他用美团叫了一份外卖。下午，他计划与朋友们出去看一场电影。他首先在淘票票上购票，接着使用滴滴打车去往目的地。晚上回到家，他躺在床上想打开台灯，却发现台灯坏了，于是打开手机，用淘宝买了一盏新的。他最近正在研究拍摄短视频，想在业余时间做一个自媒体人，分享他的北语生活。

电商示意图

【场景二】

罗拉：“小明，你在看什么？‘1、2、3，上链接’是什么？”

小明：“罗拉，这是直播卖货，我跟随这位主播的口令下单，能买到很便宜、很好的商品。”

罗拉:“有多便宜？听起来很好玩的样子，我来和你一起看吧。”

我们看到，很多曾经在城里生活打拼的年轻人，回到乡村，以网络直播、短视频等方式，展示乡村的美景美食和其他特色商品。他们不仅吸引了大量的粉丝，还把大山里的农产品卖出了深山沟，卖出了好价钱。

陕西安康汉阴县有一位主播叫小静。她有超过 30 万的粉丝，因为热爱美食、热爱乡村，所以在短视频里，她分享最多的就是陕西当地的乡村美食。在此之前，小静有一次假期回到家，拍了几段有关家乡美食的视频上传到网上。让她感到惊喜的是，不到一周时间，她就收获了几万个赞，还有人问在哪儿能买到这些食材。这启发了小静，于是她从安康市辞职，回到了村里，专心拍短视频。现在，小静成了“网红”美食主播。她不仅自己卖货，还帮助周边村民销售土特产。而且，她还参加过汉阴县政府组织的多场直播活动，其中最高的一场直播，吸引了 5 万多名网友观看。

【场景三】

罗拉:“小明，电商可以做这么多的事！好像都与消费相关。”

小明:“你说得对，不过在中国，大家不只利用互联网创造消费，也在做一些公益，以及其他对人们有帮助的事。”

◎ 互动提问:

1. 你喜欢外卖、网购等消费行为吗？

2. 你认为应该怎样处理好外卖带来的生活便利（使用一次性饭盒等）与减少污染、保护环境之间的关系？

3. 实体店应该怎样应对网购带来的竞争压力？请你给实体店提一些好建议。

第三节　广场里的老年人

【你知道吗？】

据中国国家统计局数据，2022 年末，中国 65 岁及以上人口为 20,978 万人，占全国人口的 14.9%。

【场景一】

罗拉：“听说与其他国家的老年人不同，中国的老年人有自己独特的休闲方式，可以介绍一下吗？”

老人晨练

小明："是的。在中国，你一定有机会见到广场舞这种'街头文化'。这里的主角大多是'中国大妈'。这些'中国大妈'既能在社区治理中发挥重要作用，也能通过广场舞等活动构筑公共文化空间。大多数中国老年人，退休以后的娱乐方式丰富多彩，如唱歌跳舞、书法绘画、下棋对弈、钓鱼养花等。有时，他们也会结伴到公园等户外场所散步、慢走，锻炼身体，结交朋友。"

年轻人健身一般都去健身房，而老年人健身大多是自带一个小音箱，然后就可以开展广场舞这项艺术与运动相结合的活动了。运动健身是这项活动发展的最初动力。不过，广场舞还给了老年人一个可以展示才艺的平台，他们不仅在广场上跳，还参加社区组织的演出、比赛。化个美美的妆容，穿上美美的表演服，他们向人们展示了自己的态度——不仅年轻人可以做舞台上的主角，他们也可以。广场舞对于老年人来说不仅仅是跳个舞那么简单。年轻人的朋友圈是同事、同学，但是对于老年人来说，退休以后，同事、同学距离都远了，来去不方便，这时距离较近的广场舞"朋友圈"就是他们日常生活中必不可少的社交圈。在同一个广场跳广场舞的老年人，在这个过程中建立了深厚的友谊。

新疆维吾尔自治区巴音郭楞蒙古自治州广场舞决赛

【场景二】

罗拉："这位老人家在地上写什么？好像是一种书法，我说得对吗？"

小明："你说得对，罗拉，这叫'地书'。通过这种形式，老年书法爱好者将书法带到了公园。"

小明："除了在地上写字，公园里还有许许多多的娱乐方式。我带你去看象棋。"

罗拉："好的。"

地书

尊老敬老是中华民族的传统美德，照顾老人是我们共同的职责。人人都将老去，养老事关民生。

不夸张地说，只要是公园里有桌子的地方，你就可以看到正在下棋的老年人。他们下的是中国象棋。中国象棋属于二人对抗性游戏的一种，在中国有着悠久的历史。其用具简单，趣味性强，是中国普及最广的棋类项目之一。

老人们正在下棋

◎ 互动提问：

1. 你们国家老年人多吗？他们喜欢做些什么？有什么有意思的老年活动可以跟我们分享？

2. 你认为照顾老人是社会的责任还是家庭的责任？为什么？

◎ 延伸学习：

1.《十大老年人专属科技产品》，载《家庭科技》2014 年第 10 期。

2. 潘清《老龄化遇见数字化，看高科技如何助力“适老”》，载《科技日报》2021 年 1 月 14 日。

第四节　大漠深处治沙人

【你知道吗？】

沙漠被称为“不可治愈的地球癌症”，土地荒漠化对各个国家而言都是一个噩梦。面对这些，有的人选择了远离，然而也有许多人选择留下并且改变它，我们尊称他们为“治沙人”。正是这些勇敢的治沙人，追逐着中国几代人改造荒漠的梦想，创造出一个个绿色奇迹。

青海湖附近的沙漠和草原牧场

【场景一】

小明："罗拉，你听说过'愚公移山'这个故事吗？"

罗拉："听说过呀。愚公不畏艰难、坚持不懈的精神打动了很多人。"

小明："今天我想跟你分享一个来自中国沙漠的'治沙愚公'的故事。"

罗拉："太好了，我想听。"

巴丹吉林沙漠是中国的第三大沙漠，位于内蒙古自治区阿拉善盟，是中国北方沙尘暴的沙源地之一。在巴丹吉林沙漠西部边缘，有一个小村庄叫古日乃，近些年，村里的人口越来越少，但是有一对年过花甲的老夫妻多年来一直没有走，他们的儿女想接他们去城里住，被他们拒绝。近 20 年来，他们坚持治沙 2000 余亩，种下 5 万多棵梭梭树，守护着大漠深处的一片绿色。这对老夫妻就是被人称为"治沙愚公"的图布巴图夫妇。

黑河中上游大量工农业用水使得下游供水急剧减少，东、西居延海干涸，风起沙扬，成为肆虐华北沙尘暴的策源地。当时，在古日乃苏木担任人民代表大会主席的图布巴图对

沙漠绿洲

环境恶化十分忧虑："我在这个地方生长、工作、生活。生态恶化令人心痛，我必须要做点事情。"图布巴图怀着深深的责任和使命，提前办理了退休手续，留在生活条件艰苦的古日乃，和妻子一起开始了漫漫治沙之路。

"刚开始的那几年真是艰苦，"图布巴图回忆道，"严重的干旱使幼苗长不起来。这里长不出来，我就换下一个地方，直到能长出来为止。"在恶劣的自然条件下，为了让长出的幼苗存活，夫妻俩必须要到30千米外的深井打水，再用骆驼一趟一趟地拉回来浇水。而在治沙作物的选择上，图布巴图也费了一番心思："最初也种过白杨树、松树，可是一旦不浇水就死掉了，后来我们把梭梭树、沙拐枣等用来试验，发现效果最好的就是梭梭树。"

梭梭是一种独特的沙漠灌木植物，生长迅速、枝条稠密、根系发达，抗旱、抗热、耐盐碱的特性使其在防风固沙选择植物时备受人们欢迎。

沙漠里的梭梭树

多年来，图布巴图老两口身背水壶、手拿铁锹、埋头苦干的身影，成为守护沙漠绿洲的一道风景。长年的风吹日晒，使得两位老人看起来比实际年龄要苍老许多。

近 20 年的时间，图布巴图用自己的微薄之力在干旱的巴丹吉林沙漠边缘种出了一片绿洲。他们人工种植梭梭树 5 万多棵，成功抢救、保护梭梭林 2000 亩，封围荒漠的绿化率达到 80% 以上。

内蒙古阿拉善巴丹吉林沙漠

图布巴图在绿化治沙上的坚持与奉献也感染着越来越多的牧民，他们自愿加入到绿化治沙的队伍中。2016 年，图布巴图夫妇荣获第 1 届“全国文明家庭”称号。当被问起今后的打算时，图布巴图爽朗地一笑：“一直把梭梭树种下去，我的目标是种 1 万亩！”

令人欣慰的是，额济纳旗乃至整个阿拉善盟的生态环境在逐步改善。目前，通过生态治理工程的实施，生态环境恶化的趋势已得到进一步遏制，天然胡杨林及生态脆弱区的草牧场正在慢慢恢复往昔的生机。

◎ 延伸学习：

吴勇《苏和老人十年如一日栽下3000亩梭梭林，把绿色种进大漠》，载《人民日报》2014年4月30日。

【场景二】

罗拉：“太感人了。小明，我也在电视上看到过一个令人深思的故事。你要听吗？”

小明：“好的，我想听。”

罗拉：“这个故事和藏羚羊有关。藏羚羊有着自己独特的生活习性，所以到目前为止，世界上还没有一个动物园或其他机构人工饲养过藏羚羊，和藏羚羊生活习性相关的研究也少之又少。”

藏羚羊

自从人们发现藏羚羊身上细软的绒毛可以用来制作一种叫作“沙图什”的贵重披肩之后，藏羚羊的家园便不再宁静。厄运降临在它们身上，无数藏羚羊被非法捕杀！曾经茫茫高原上数万只藏羚羊狂奔的壮观景象，一去不复返。为此，中国政府加大了对盗猎行为的打击力度，尽最大努力保护藏羚羊。此外，中国政府还在藏羚羊主要分布区划建了多个国家级自然保护区，成立了专门的保护管理机构和执法队伍，藏羚羊的栖息环境越来越安全，种群数量逐渐恢复。

可可西里保护区的藏羚羊雕塑

◎ 延伸学习：

1. 电影：《可可西里》
2. 纪录片：《可可西里往事》

第五节　无人驾驶汽车

你听说过无人驾驶技术吗？请跟随我们的脚步一起来体验一下无人驾驶汽车的魅力吧！

从道路交通到工业、农业生产，“无人”时代正在向我们走来。随着5G技术的快速发展，无人驾驶技术也在不断成熟。2020年10月11日，百度官方发布消息：“即日起，百度自动驾驶出租车服务在北京开放，用户可在海淀等的自动驾驶出租车站点，直接下单免费体验自动驾驶出租车服务。”消息一出，瞬间点燃了北京市民的试乘热情。

自动驾驶汽车的驾驶舱（模拟图）

百度的自动驾驶出租车一次可乘坐两位乘客，同时车内会有安全员保障行车安全。那么这个没有司机的出租车，打车是否便利？乘坐体验如何？安全性是否有保障？遇到交通事故如何处理？让我们看看有过试乘体验的乘客是怎么说的吧！

乘客A："10月13日，我专门体验了无人驾驶出租车。当时，我到了一个指定的站点，发现已经有不少人在等车了。据现场工作人员所说，前一天的订单量是2000多，而提供服务的车的数量只有40多，可见大家的试乘热情是很高的。我开始担心排不上车。果然，20多分钟，5次呼叫失败。我想，换个人不多的站点可能会好点儿，所以我去了1千米外的另一个站点，在那里一次就下单成功了。"

无人驾驶概念图

乘客B："无人驾驶汽车的车内屏幕上有很多信息，比如说限速每小时60千米，现在的行驶速度是每小时20千米。我们在路上遇到的两边的车辆、行人等都会在屏幕上显示，在屏幕下方可以看到预计行驶的时间和公里数。拐弯的时候，屏幕上会显示即将转弯，乘客可以对车辆的下一步操作有一个心理预判。无人驾驶汽车的起步、停车都非常平稳，拐弯时也比较顺畅。在车辆比较少的时候，汽车还主动进行了提速。虽然我们坐在后排，但是对于整个车辆的行驶过程是可以有一个全方位的了解的。"

乘客 C：“这次的体验时间比较短，我总共只乘坐了几千米，座椅还没焐热就下车了，但是感受还不错，简单跟大家分享一下。首先，车辆确实是在没有人为介入的情况下全程自动驾驶的，包括停车时。车上配备的安全员只充当保护作用。基础的起步、刹车、变线、超车、转弯，无人驾驶出租车都能比较顺畅地完成。我也没遇到突然刹车或晃动的情况，车辆全程严格按照交通规则行驶，能够准确避让行人、识别交通指示灯等。感觉像是真的有一位谨慎且有一定驾驶经验的司机在给我开车。”

据了解，百度无人驾驶出租车有两种预约方式：第一种，打开百度地图，依次选择

无人驾驶测试车辆

“打车、自动驾驶、选择上下车站点、选择乘车人数、立即呼叫 Apollo GO”；第二种，下载并打开百度专门推出的 Apollo GO App，选择上下车站点及乘车人数，再“呼叫 Apollo GO”。

汽车到达后，乘客可以直接上车。上车后，乘客只需点击智能屏幕进行确认，汽车就会开始自动行驶。汽车到达目的地后，乘客直接在屏幕上点击“确定到达”，即可潇洒地打开车门走人，线上付款就可以！

来到北京，面对动动手指就能乘坐的无人驾驶汽车，你心动吗？想不想体验一下？

◎ 互动提问：

1. 如果有机会乘坐无人驾驶汽车，你会去体验吗？为什么？

2. 有人说，无人驾驶汽车的出现会导致汽车驾驶员失业，对此，你有什么看法？

3. 你认为无人驾驶汽车的前景如何？

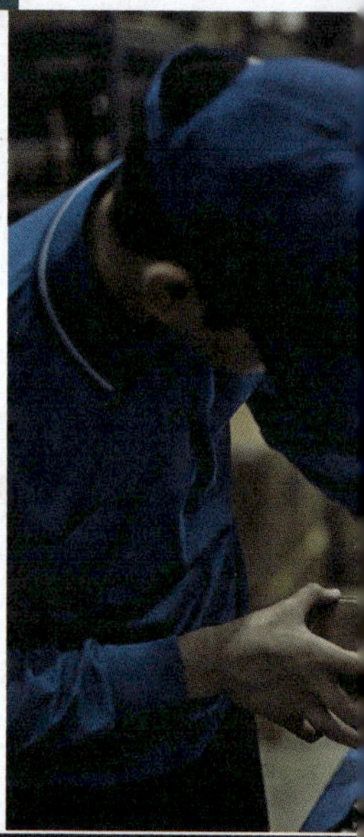

05

第五章 生活在中国

第一节　寻味中国 / 96

第二节　寻医中国 / 102

第三节　留学中国 / 108

第四节　快递，体验中国速度 / 112

第五节　中国交通 / 117

第六节　手机带你游中国 / 122

第七节　到哪里找家乡的味道 / 129

第一节　寻味中国

【你知道吗？】

中国人常说：“民以食为天。”可见，中国人非常重视饮食。在中国，各地都有自己的风味饮食，其中最有名的是“八大菜系”，即鲁菜、川菜、粤菜、苏菜、闽菜、浙菜、湘菜和徽菜。

鲁菜：“鲁”是山东的简称。鲁菜历史悠久，口味以咸鲜为主，讲究原料质地优良，调味咸鲜纯正，突出本味。鲁菜刀工细致，火候恰到好处，汤味浓郁。山东临海，鲁菜最为擅长烹调海味。有名的菜品有葱烧海参、一品豆腐、糖醋鲤鱼、红烧大虾、四喜丸子、油爆双脆等。

川菜：四川菜的口味以麻、辣为特色。菜式多样，原料多选山珍、江鲜、时蔬。以“味”闻名，有鱼香、红油、怪味、麻辣等。著名的菜品有水煮肉片、麻辣火锅、东坡肘子、鱼香肉丝、回锅肉、麻婆豆腐、宫保鸡丁等，这些菜在世界各地的中餐馆中都是响当当的招牌菜。

粤菜：“粤”是广东的简称。广东地处亚热带，濒临南海，四季常青，山珍海味、蔬果时鲜等物产丰富。粤菜口味以鲜香为主，要求清、鲜、嫩、滑、爽、香、脆，追求清淡、鲜嫩、本味。选料精细，讲究时令和最佳品质，重视火候和油温。有名的粤菜有焗龙虾、咕噜肉、叉烧肉、白切鸡、老火汤等。

苏菜：江苏菜口味清淡、偏甜。江苏沿海，气候潮湿，在菜中加糖能祛除湿气。苏菜选用原料非常细致，刀工严谨。注重颜色搭配，菜品造型美观，四季菜色不同。烹调技艺擅长调汤，保持原汁，口味平和。有名的菜包括松鼠桂鱼、大煮干丝、蟹粉狮子头、水晶肴肉、将军过桥、拆烩鲢鱼头等。

闽菜：“闽”是福建的简称。福建菜口味以鲜香为主，最注重的就是“香”和“味”。闽菜刀工巧妙，汤菜众多，常用特有的红糟调味，多用糖醋。因此闽菜清鲜、淡爽，偏于甜酸，尤其讲究调汤，汤鲜、味美，汤菜品种多，具有传统特色。有名的菜如佛跳墙、扳指干贝、醉排骨、酿豆腐、荔枝肉、蚵仔煎等。

浙菜：浙江是东部沿海的“鱼米之乡”，浙菜原料以山珍海味和各种河鲜为主。浙江菜烹制海鲜、河鲜技法独特，菜形小巧玲珑、精巧细腻，菜品鲜美滑嫩、脆软清爽。强调原料鲜嫩，现取现做。讲求食材新鲜、互相搭配、味道互补，充分发掘美味与营养。口味注重清鲜脆嫩，保持原料的本色和真味，制作精细，变化多样。名菜有龙井虾仁、荷叶粉蒸肉、虾爆鳝背、宋嫂鱼羹、西湖醋鱼等。

湘菜：“湘”是湖南的简称。湖南气候温暖潮湿，而辣椒有祛湿、开胃之效，所以湖南菜的口味追求香辣、鲜嫩。夏天重清淡、香鲜，冬天重热辣、浓鲜。重视原料互相搭配，滋味互相渗透，小火慢炖，原汁原味。颜色鲜亮，油重色浓。山珍野味、烟熏腊肉和各种腌肉有浓厚的山乡风味。湘菜的最大特色就是“辣”和“腊”。名菜有剁椒鱼头、毛氏红烧肉、干锅鸡、腊味合蒸、香辣鱿鱼虾、飘香鲫鱼等。

徽菜：江南古徽州独特的地理环境、人文环境、饮食习俗造就了徽菜鲜辣、咸香、酥嫩的口味。菜肴常用木炭风炉炖煮，浓香四溢，体现了徽味古朴典雅的风貌。徽州人常年饮茶，徽菜则重油、重色、重火工。因靠山、靠水，食材丰富，所以徽菜注重食物的本真，多用滑烧、清炖和生熏技法。用火腿佐味，用冰糖提鲜。主要名菜有虎皮毛豆腐、毛峰熏鲥鱼、腌鲜鳜鱼、问政山笋、雪冬烧山鸡等。

主食

除了各式菜品之外，中国各地的主食也非常丰富，各有滋味。在中国南方，主食一般为米饭、粥，而北方偏向于面食，如面条儿、馒头、烙饼、包子、饺子等。玉米、土豆、红薯等也被很多地方的人当作主食。主食的做法多种多样，各有特色。

米饭

粥

面条儿

馕

包子

饺子

各地小吃

中国还有丰富多样的小吃品类，这些食物往往就地取材，浓缩了当地的风土人情，最能体现当地特色，常常令人回味。兰州牛肉面、四川烤串串、中原胡辣汤、陕西羊肉泡馍、广西螺蛳粉、沙县小吃、嘉兴肉粽、宁波汤圆、过桥米线……小吃，看似简单，却充满了饮食之道。生活在中国，千万不要错过小街小巷里当地人口口相传的地道小吃，这也是正宗的地方味道。

夜市的街头小吃

◎ 互动提问：

1. 你来中国之后，吃到的最好吃的食物是什么？
2. 你学会做中国菜了吗？

第二节　寻医中国

【你知道吗？】

什么是中医？

中医是中国传统文化的重要组成部分，有着悠久的历史。春秋战国时期，中医理论已经基本形成。扁鹊是春秋战国时期的名医，擅长妇科、儿科、五官科等，远近闻名。扁鹊采用的是“望闻问切”的诊疗方式，他可以说是中医学的开创者。

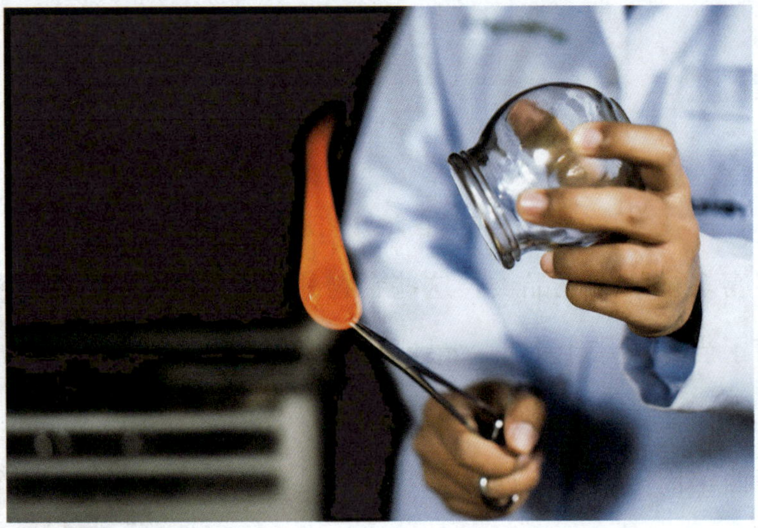

拔火罐

东汉末年，被后人称为“医圣”的张仲景写出《伤寒杂病论》，此书是中国古代医学理论与临床实践相结合的典范。同为东汉末年医学家的华佗则尤其擅长外科，精于手术，发明了用作手术麻醉的“麻沸散”。他还创编出“五禽戏”，即模仿虎、鹿、熊、猿、鸟5种禽兽的神态和动作创编而成的一种健身方法。唐代孙思邈十分重视民间的医疗经验，不断走访积累，并及时记录，完成了重要著作《备急千金要方》，被后人称为“药王”。明代李时珍完成《本草纲目》，收集药物1000多种，记录方剂万余首，是中国古代药学史上部头最大、内容最丰富的药学巨著。

华佗像

孙思邈像

◎ 互动提问：

请比较不同国家传统医学的相似之处。

◎ 延伸学习：

系列动画片：《中医故事》

中医是从什么时候开始向其他国家流传的呢？

唐代以后，中医理论和著作大量外传到其他一些亚洲国家。随着中外交流的推进，近年来，中医理论及中医治疗方法也受到不少西方人的推崇。

中医正在研磨中草药

中医具有比较完整的理论体系，这一体系主要有两个独特之处：一是秉持整体观念，二是采用“望闻问切”的诊疗方式。

中医认为人体是一个有机整体，人体各个组织和器官都在一个统一体中。不管是在生理上还是在病理上，都是互相联系、互相影响的，因而不能孤立地看待某一生理或病理现象，不能“头疼医头，脚疼医脚”，要从整体角度对待疾病的预防和治疗。

“望闻问切”是中医诊病的基本方法。“望”是指观察病人的整体情况，辨别病人的面色、舌苔和表情等；“闻”是通过医生的听觉和嗅觉，辨别病人说话的声音和呼吸、咳嗽散发出来的气味等情况，从而判断病症；“问”是指询问病人的主观症状和病史等；“切”是摸脉象，用手诊脉。在“望闻问切”的基础上，医生能给出整体的治疗方案，而不是局部对症治疗方法。

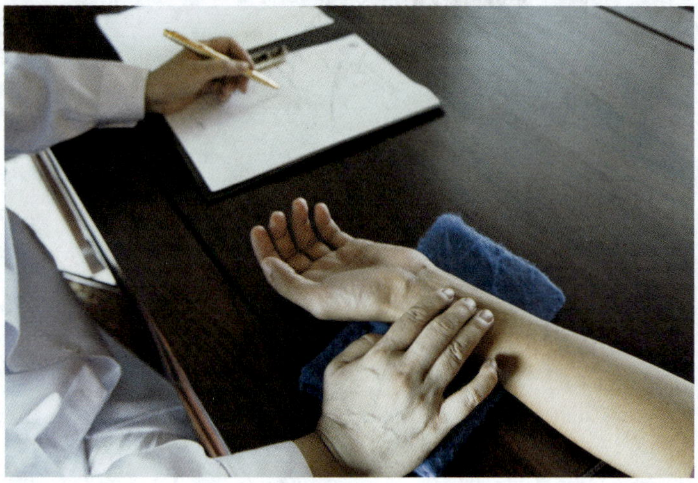

医生在把脉

◎ 互动提问：

1. 来中国之前，你听说过中医吗？
2. 有人认为中医靠经验，不靠科学，你怎么看这个问题？
3. 中西医结合你觉得可行吗？为什么？怎么实现呢？

中医的治疗手段多种多样，中药是主要的治疗方式之一。药材的采集季节、具体时间、方法和保存手段都会影响到药材的品质。中国药文化源远流长，在前人经验的基础上，中医又推出了大量方便快捷的中成药。

六味地黄丸

中药山楂丸

针灸治疗也是中医具有代表性的方法之一。针灸是一种利用金属针具或艾炷、艾卷，在人体特定的部位进行施灸，用于治疗疾病的医疗方法，是“针法”和“灸法”的总称。也就是说，针灸是用“针”刺入病人身体的某些部位，或者点燃艾条等“灸”热皮肤表面，从而达到治病的目的。针灸的治疗原理是，人的全身由经络组成，通过用针刺入穴位或者用火的温热刺激穴位，来达到疏通经络、调理气血的功效。

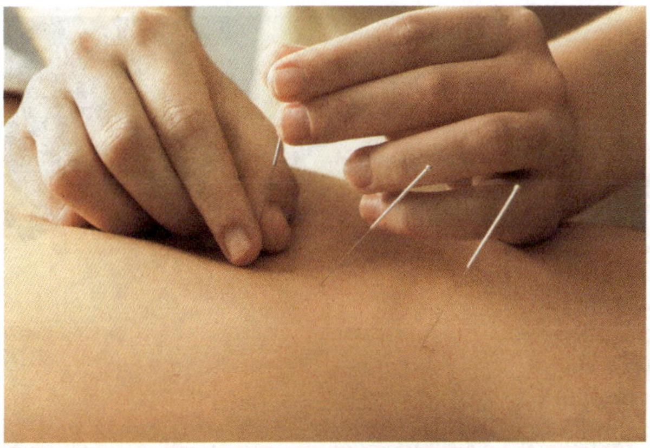

针灸

针灸器具

拔火罐也是一种流行的中医治疗手段，主要是使用罐状器皿，借火热的作用，使罐中产生负压，吸附在穴位上，造成局部充血、淤血，从而治疗疾病。目前还有一种真空负压罐可以代替火罐，二者治疗原理相同。

火罐

刮痧也是一种中医治疗手段，通过特制的刮痧器具和相应的手法，蘸取水或者油，在体表反复摩擦、刮动，使皮肤局部出现出血点等“出痧”变化，从而达到活血排毒的作用。

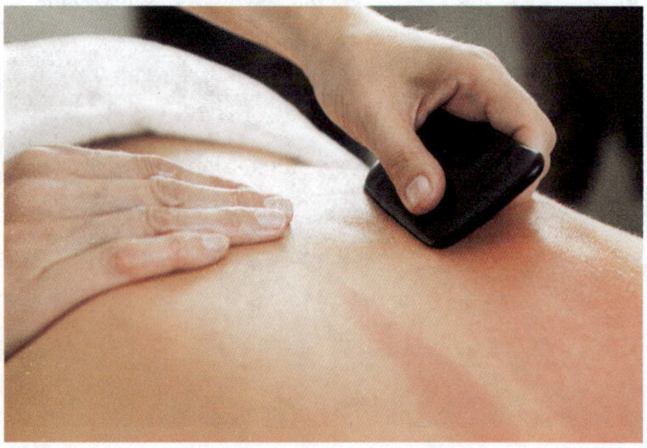

背部刮痧

另外，中医强调“治未病”，也就是在未得病之前注重养生，防止得病。在养生方面，中医强调“天人合一”，人的健康跟四季是相关联的——春养肝、夏养心、秋养肺、冬养肾。中医提倡“药食同源”，日常的饮食也是很好的养生之药。

中草药

目前，中外交流愈加密切，中医诊疗也有了新的发展。在诊疗方法上，除了传统的医生询问、观察、手诊等，还有各种检查仪器的辅助，让诊疗结果更直观、更准确；在医药方面，中成药和西药相互配合，满足不同病人的个性化需求。

◎ 互动提问：

你有没有接受过中医诊疗？包括吃中药、拔火罐、刮痧和针灸等。请说说你的感受。

◎ 延伸学习：

宣传片：《我们的中医药》

第三节　留学中国

你了解中国的教育制度吗？
在中国，毕业证和学位证之间的关系是什么？
中外之间学位如何互认？

中国的学校教育制度

与世界大多数国家相似，中国的教育分四个阶段：学前教育、初等教育、中等教育和高等教育。其中，在中国现阶段，小学与初中教育属于义务教育。义务教育是根据法律规定，适龄儿童和青少年都必须接受，国家、社会、家庭必须予以保证的国民教育。

北京语言大学

学前教育，又称“幼儿教育”，是指实施幼儿教育的机构根据一定的培养目标和幼儿的身心特点，对入小学前的幼儿进行有计划的教育。接受学前教育的一般是3—6岁的儿童。

初等教育，是使受教育者打下文化知识基础，具备基本的写算能力，为接受更高一阶段的教育做好准备的教育。

中等教育，是指在初等教育基础上继续实施的中等普通教育和职业教育，分初级中等教育和高级中等教育两个阶段。

高等教育，是建立在中等教育基础上的各种专业教育，一般分为高等专科教育、本科教育和研究生教育。

大学的毕业证与学位证

世界上很多国家的大学，在学生毕业时只颁发一种证书，且多为学位证。但在中国，学生大学毕业时一般会收到毕业证和学位证两种证书。

毕业证，又称为“学历证明”。一个人完成了小学教育，就可以获得小学毕业证，同时我们可以称他具有小学学历；一个人完成了高中教育，就可以获得高中毕业证，同时我们可以称他具有高中学历；一个人完成了大学专科教育，就可以获得大学专科毕业证，同时我们可以称他具有大学专科学历……可以说，从初等教育到继续教育，学生只要完整接受了相应的教育过程，就可以获得相应的毕业证，取得相应的学历。

但是，对于大学和研究生这样的教育来说，接受了完整的教育过程，并不意味着达到了较高的学术水平。因此，中国专门为高等教育的本科与研究生教育设立了学位制度。与世界大多数国家相似，中国的学位分为学士、硕士、博士三级，可与美国、日本等国家的Bachelor degree、Master degree、Doctoral degree相对应。

身穿学位服的大学生

另外，外国有一些在中国没有的特殊学历和学位，在中国如何被认定呢？中国与世界许多国家都签署了高等教育学历学位互认协议，从官方的角度确认了不同教育制度的对应问题。如俄罗斯的副博士学位，根据协议对应成中国的博士学位；又如英国和澳大利亚的荣誉学士学位，根据协议对应成中国的学士学位。

【小贴士】

留学生如何开启中国学习之旅呢？根据“留学中国”网站的介绍，我们可以了解到以下几种申请途径：

1. 个人自费申请：学生个人直接或通过有关机构向中国大学进行申请。

2. 政府交流：根据政府间双边交流协议，申请人可向所在国负责派遣留学生的政府部门、有关机构、中国驻所在国大使馆或总领事馆（领事馆）提出申请。

3. 校际交流：根据学校间校际交流协议办理。

4. 中国高校自主招生奖学金项目：向承担此项目的中国高校提出申请。

5. 团体推荐：由国外学校、教育机构、友好团体通过中国有关机构或者直接向中国有关大学推荐。

那么都需要什么申请材料呢？

1. 填写来华留学申请表。

2. 提供个人护照复印件或扫描件。

3. 提供个人学历学位证明及成绩单。

4. 提供汉语水平考试（HSK）成绩。

5. 申请攻读硕士、博士学位者，另需两名具有副教授以上职称（或相当职称）者的推荐信。

6. 提供个人学习或研究计划陈述。

7. 准备《外国人体格检查记录》。

8. 自费来华留学者，除提供以上材料外，还需提供经费担保证明。十八周岁以下的申请人，需提供在华监护人证明。

9. 其他必要的申请材料。

当然，通过“留学中国”网申请将非常快捷和方便，它可以帮助你在20分钟内完成申请。你可以关注“留学中国”网，按照“四步指南”逐步申请，然后就可以实现中国留学之梦了！

第四节　快递，体验中国速度

你知道快递包裹要经过哪些环节才能到达消费者的手中吗？让我们一起来看看包裹们的“旅行”故事吧！

随着电子商务的发展，中国人的购物习惯有了很大的改变，越来越多的人喜欢网上购物。消费者足不出户，只需动动手指，就能在网上买到任何所需要的东西。网购的兴起，带动了快递行业的迅猛发展，中国出现了很多大型的快递公司。这些快递企业为消费者提供了方便快捷的服务，使快递业成为与中国人生活密切相关的行业。

消费者在网上下订单，购买的商品被包装好。这个包裹走过的第一个程序是分拣。分拣就是把消费者订购的商品按照订单的要求分类、集中起来，为接下来的运输做好准

机器人在分拣包裹

备。购物网站每天都会接到无数订单，如果用人工分拣，将需要大量的时间才能完成。为了加快分拣速度，很多快递公司使用机器人来完成这一步工作。机器人分拣更快速、更及时，也更准确。这第一步就加快了包裹“飞”向消费者的速度。

分拣完成后，开始发货。如果是同城的快递，商品只需用汽车运送，上午下单，下午就可送达。如果不是同城快递，怎么运送才能更快呢？很多快递公司选择使用飞机运送。目前，很多快递公司都有自己的货运飞机，有的快递公司甚至拥有近 70 架货运飞机，可以保证其公司运输的商品能安全、快速地送达消费者。即使不用飞机，也可以用高铁和动车运送，其中，高铁的运行时速可达 350 千米，虽然不如飞机，但速度也是很快的。

地勤人员正在装载货物

经过汽车、动车或飞机的运送，包裹来到离消费者最近的一站——快递员手里，开始它最后一段旅程。无论刮风还是下雨，炎热还是寒冷，快递员们都骑着电动车，天天辛苦地奔走在城市的大街小巷，把一个个包裹送到消费者面前，给消费者带去希望、快乐和满足。遇到消费者不方便收货的时候，快递员会把包裹放进快递柜，消费者可以在方便的时候去收取。在快递员的忙碌中，一个个包裹结束了它的旅程。

快递员正在投递包裹

为了加快最后一段路程的送货速度，有些大学校园开始尝试用机器人为消费者送包裹。这些机器人很“聪明”，送货速度也很快，消费者的使用体验很不错。也许以后我们会看到更多的机器人送快递。

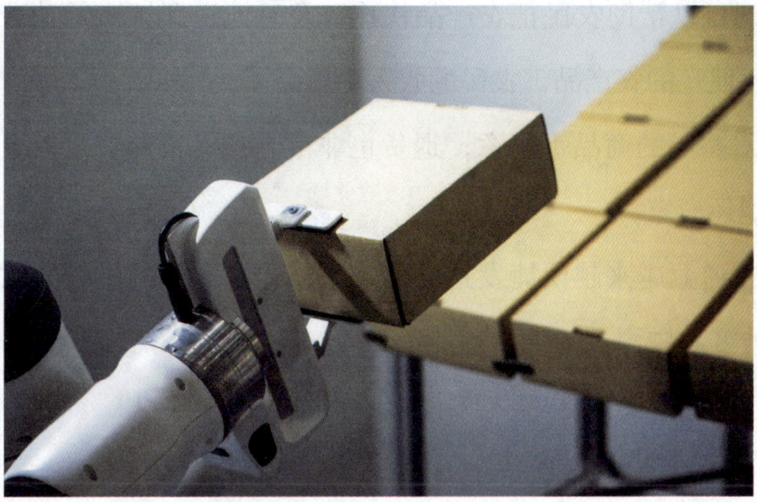

机器手臂将纸箱运送到仓库

快递公司和快递员想出了各种办法加快配送速度，帮助消费者在最短的时间里收到自己购买的商品。如果消费者想知道自己的快递包裹是怎样一步步走近自己的、什么时候可以收到快递，可以通过电脑或手机在“物流信息”中查看，包裹走过的每一段路程都显示得清清楚楚。

中国的快递业务除了速度快，还有一个特点就是“送得全”。不管是吃的、穿的，还是用的，没有快递公司送不了的。即使消费者购买的是鲜肉或者新鲜的水果等容易坏的东西，也可以用保温箱和冰袋让食物保持新鲜。以前农村的新鲜水果、牛羊肉很难运送到城

快递运送苹果

市，现在快递公司可以帮助农民把农产品快速、及时地送到城市的消费者手中，城市的市民吃到了新鲜、便宜的农产品，农民的收入也提高了。

如果消费者对购买的商品不满意，退货也非常方便。快递员可以上门收取包裹，由快递公司把商品退还商家。

目前，中国快递业越来越便捷发达，也越来越受到人们的重视和欢迎。快递和电子商务正在深刻地改变着中国人的生活和消费习惯。

◎ 互动提问：

你认为快递行业的发展为人们带来了哪些好处？在追求效率的同时，我们要如何保障快递行业的健康发展？

第五节 中国交通

科技的发展大大改变了人们的出行方式。一起来看看，在中国，公共交通网及交通工具的迅速发展是如何改变着人们的出行的吧！

“中国这么大，我想去看看。”这是很多留学生选择来中国学习与生活的初衷。历经多年夜以继日的建设，中国已经建成了一个由公路、铁路、航空系统组成的庞大而细密的交通网。在很多城市，四通八达的地铁等公交系统支持着人们方便、快捷的出行。

近年来，中国着力践行“可持续交通”理念，引导公众优先选择公共交通、步行和自行车等绿色出行方式，进一步建设和维护城市交通系统。从上海到北京，1300 多千米的距离，京沪高铁最快只要 4 个多小时即可到达。交通方式的多样化为人们的出行提供了更多选择，交通技术的发展极大地缩短了人们的出行时间，为现代生活提供了很多便利。现在就请跟随我们的脚步，来看看中国的交通建设与发展是如何影响着每一个人的生活的吧！

高铁篇

高铁，泛指设计开行时速 250 千米以上（含预留）、初期运营时速 200 千米以上的客运列车专线铁路。2008 年，中国第一条高速铁路——京津城际铁路开通运营。高铁日均发送旅客由 2008 年的 35 万人次增加至 2019 年的 645.9 万人次，年均增长 30.3%。经过多年的实践探索，2019 年时，中国已成为世界上高铁运营里程最长、在建规模最大、运营动车组最多、商业运营速度最高的国家。

2017年，一项针对20国青年的调查显示，高铁、网购、支付宝、共享单车，成为这些在华外国人心目中的中国“新四大发明”。当问及他们最想把中国的什么带回国时，“高铁”成为留学生们最想带回自己国家的中国现代生活方式。高颜值、高速度、近乎完美的乘车体验……更重要的是WiFi网络全覆盖！坐上“复兴号”，长途旅行再也不用担心流量不够用了。

“复兴号”列车

修建高速铁路的企业产生的经济效益和社会效益，也得到了更广泛的认可。修建高速铁路在节约资源、减少土地使用面积、减少环境污染、增强交通安全等方面的社会效益尤其显著，能够促进沿线地区经济发展、加快产业结构调整等。

◎ 互动提问：

你们的国家对于列车有怎样的规定和政策？你认为中国应当在哪些层面努力，以使乘客获得更好的乘车体验？

共享单车篇

颜色各异的共享单车已经成为中国各大城市的重要组成部分，通过提供“最初一公里”和“最后一公里”挑战的解决方案改变着城市居民的出行方式。这些共享单车有定位功能和智能解锁技术，用户可以通过智能手机对自行车进行寻找、预订和解锁。到达目的地之后，使用者可以锁上自行车，将其放在路边指定停车点，供下一个用户使用。

共享单车已成为与公交车、地铁并行的三大公共出行方式之一，给民众的日常出行带来了很大便利。共享单车出现之后，自行车出行占比大幅提高。共享单车有效地倡导了绿色、低碳、健康的生活方式，帮助减少了碳排放量。一些海外的企业也开始模仿中国共享单车企业的产品和经营模式，如美国的 Limebike、Zipbike 和新加坡的 Obike 等。

广州街道停放的各类共享单车

◎ 互动提问：

1. 请你针对你所在的国家和地区，提出共享单车推广的可行性方案。
2. 你愿意用共享单车吗？为什么？

新能源汽车篇

中国现在有很多家喻户晓的国产电动汽车品牌，例如蔚来、威马、比亚迪、腾势等品牌。电动汽车（BEV）是指以车载电源为动力，以电机驱动车轮行驶，符合道路交通和安全法规要求的车辆，也常常被称作“新能源汽车”。

新能源汽车

近年来，新能源汽车在中国发展迅速，中国新能源汽车的产销量已经位居世界前列。

蔚来是智能新能源汽车品牌，成立于 2014 年 11 月。蔚来汽车致力于通过提供高性能智能新能源汽车和极致的用户体验，为用户打造愉悦的生活方式。另一个大众品牌比亚迪走自主研发、自主生产、自主品牌的发展路线，立志打造真正物美价廉的“国民车”。其产品设计既吸收了国际潮流的先进理念，又符合中国文化的审美理念。新能源汽车带给了消费者全新的生活体验。国产新能源汽车品牌吉利隶属于浙江吉利控股集团，总部位于中国浙江杭州，在白俄罗斯等国家和地区建有海外工厂。吉利汽车集团是中国领先的汽车制造商。2020 年 10 月底，吉利汽车全球累计销量突破 1000 万辆，成为首个实现乘用车产销 1000 万辆的中国品牌车企，在海外市场也占有一席之地。

◎ 互动提问：

1. 你愿意使用新能源汽车吗？为什么？
2. 你觉得新能源汽车会给我们的生活带来哪些变化？

第六节　手机带你游中国

科技的发展使全球旅行变得越来越方便，你甚至可以只带上手机就能来中国旅行，现在就请一起了解一下如何通过手机搞定在中国旅行的一切需要吧！

在中国，通信的发达和互联网的强大使旅行变得极为便利，我们不必再往行李箱里塞厚厚的中国旅行指南，只要带上手机就可以出发了。真可以说是“一机在手，天下我有”！

旅行出发前，请核实你的手机是否能够提供正常服务。在中国，人们一般通过中国移动、中国联通、中国电信三大通信运营商办理手机 SIM 卡，留学生还可以选择专为学生定制的话费和流量优惠套餐。绝大多数地方，用流量上网速度都很快，目前 5G 比 4G 网络更快、更流畅，容量也更大。一些旅游景点还提供免费的无线网络服务。

无线网络图标

在中国，无论城市还是乡村，现在都流行手机支付。你只需办理一张中国的银行卡，绑定自己的电子支付账户，开通支付宝或微信支付功能，就可以不带钱包走遍全中国了。出行订酒店、购物、吃饭都可以“扫码”，省去了旅途中算钱找钱的诸多烦恼，既快捷又便利。

手机支付

【场景】

罗拉正在北京的五道口地铁站，她需要买一张地铁票。按照指示，她选好了需要的票。可是罗拉翻了翻钱包，发现没有购票所需的纸币，只好向小明求助。

小明：“罗拉，请问你有支付宝或者微信吗？有的话用手机就可以支付了，不需要纸币的。”

在小明的帮助下，罗拉成功买好了票。

小明：“其实你不用每一次坐地铁都买票，有很多 App 都可以绑定北京交通卡，你只需要带上手机，就可以随时随地搭乘公共交通了。”

罗拉：“是吗？虽然是一件很小的事情，但真的带来了大大的便利呀。”

手机“扫码”乘地铁

小明说的支付宝，是由淘宝网推出的，以支付、理财为主要服务项目，融合了生活服务、政务服务等多个场景与行业的第三方支付平台。当前，中国已成为全世界电子支付发展最活跃的地区之一。不只是支付宝，腾讯集团推出的社交软件——微信，也开通了支付接口，并且被人们广泛使用。移动支付的成熟使得各类电子商务如雨后春笋般蓬勃发展。

◎ 互动提问：

1. 无现金支付改变了我们的生活，请你谈谈它给我们带来了哪些变化。
2. 对于手机支付，你有哪些担心的问题吗？请详细说明。

若想在中国感受快捷和便利，除了手机支付以外，还能够带给你这种体验的非高铁莫属了。无论是去北国的雪乡还是南国的水乡，快速平稳的高铁都能满足你的需求。近几年，乘坐高铁旅行成为很多人的首选。与航空、客运汽车相比，高铁受不良天气情况的影响更小；与普通火车相比，高铁班次更多、更准时，速度更快，换乘更方便，能为旅客带来更优质、更舒畅的出行体验。高铁订票也非常方便，手机上下载一个“中国铁路 12306”App，再选择适合自己的出行时间和班次，确认好行程付款后，就可以“高枕无忧”地等待出发日期了。待出行日一到，坐在干净、整洁、舒适的高铁座位上，你可以尽情欣赏窗外的风景，也可通过手机查询旅行目的地的吃喝游玩攻略。

"和谐号"列车

◎ 互动提问：

你知道如何在"中国铁路12306"App上订高铁票吗？请你搜集资料，介绍一下订票的具体流程吧！

若想让自己在中国的旅途行程充实且有趣，你可以先下载并安装相关手机App，这样就可随时随地获取旅途中所需的资讯了。出了高铁站，打开打车App，输入目的地，选好希望乘坐的车型然后确认呼叫，司机接单后就会在几分钟之内赶来，载你到要去的地方。还有很多App提供各式住宿服务，从标准规范的星级酒店到舒适温馨的当地民宿，从心旷神怡的海景房到万籁俱寂的星空房，从古朴的窑洞到浪漫的树屋，可谓应有尽有。

大理古城民宿

如果你打算享受自驾的感觉，也可以选择通过 App 租车出游。先在手机上确认订单，然后到门店提车，24 小时营业的取车还车服务一定会让你感觉十分便利。导航功能、道路救援等完善的配套服务也会为你的安全出行保驾护航，让你自驾时毫无后顾之忧。还有不少手机 App 提供精准的道路导航服务，不管是开车还是步行，你都不必担心在异地、他乡的旅途中迷失方向。

◎ 互动提问：

1. 到达旅行目的地之后，你会选择公共交通还是租车出行？为什么？

2. 手机上安装的软件给我们的生活带来了很多便利，但是越来越多的手机软件也可能带来一些问题。你觉得会带来哪些问题呢？应该如何解决呢？

旅途中开车开得腿酸了，走路走得肚子饿了，你可以马上拿出手机打开美食点评类相关 App，看看哪里有好茶好饭。这些点评类 App 通过展示大量真实的消费评论，为你优先推荐当地的人气茶馆和好评餐厅，帮你选择满意的商家。作为初来乍到的游客，你也能马上知道哪里的西湖龙井最好喝，哪里的北京烤鸭最好吃，哪里的特色小吃最地道。除了美食之外，你还可以在上面搜索最受欢迎的各类休闲娱乐场所、值得游玩的景点，等等。

广州早茶

◎ 互动提问：

你会与好友分享在中国吃过的美食吗？有人说，热爱美食的人一定热爱生活，请谈谈你的想法。

说到旅途中最重要的游玩景点，有些App做出了自己独特的风格。比如在它们的首页上，最显著的位置不是广告，而是用户上传的旅途照片、旅拍视频和游记。你可以读到用户分享的真实且极具个性化的深度行程体验，仿佛瞬间拥有了一位私人向导；你还可以在线实时互动，进行旅游问答，与其他游客交流，为彼此的旅程提供参考。通过阅读他人的旅途游记，观赏他人的旅途视频，你可以感受到中国各地的山川河流、风土人情，同时领略到当地的独特文化。

◎ **互动提问：**

1. 你写过游记吗？你认为写游记最大的意义是什么？
2. 你会在社交平台上分享旅行的照片和经历吗？为什么？

“手机带你游中国”，这句话其实蕴含了两层意思：一方面是手机功能的多样化使得人们的旅途从开始到结束，全程都可依靠手机来完成，手机成了一个高效的工具；另一方面，手机上的大量资讯，诸如一些App上的精美游记，又让我们足不出户也可领略中国的大好河山。“读万卷书不如行万里路”，中国那么大，世界那么大，大家还是情不自禁想亲自去看看，享受“在路上”的感觉。恰如南宋著名诗人陆游所说：“纸上得来终觉浅，绝知此事要躬行。”若想要真正地感受中国、体验中国，就带上你的中文，带上你的手机，向着心仪的地方，出发吧！

◎ **互动提问：**

1. 请你利用上面的学习内容，为自己的中国之旅设计一套可行的方案吧！
2. 你认为旅行的意义是什么？

第七节　到哪里找家乡的味道

你在国外想念家乡美食的时候怎么办？
在北京，哪里有来自你家乡的美食？
你想在北京品尝哪些国家的特色食物？

北京是世界著名的文化古都和现代化国际大都市，每年都有大量的外国人来这里工作、求学、旅游，甚至有外国人在此定居。身在异国他乡，难免会怀念家乡的美食。在北京，外国人都去哪里寻找自己家乡的味道呢？北京的一些街区，如三里屯、王府井、后海、798 艺术区、潘家园、五道口等，是在京的外国人经常光顾的地方。

时尚之地——三里屯

三里屯位于北京朝阳区的东边，因离内城三里远而得名，是北京最时尚、最繁华的街区之一。

三里屯建筑

三里屯最早以“酒吧街”闻名，是北京繁华夜生活的代表，这条街上的店铺吸引了四面八方的音乐人、艺术家、社会名流和外国友人。每到晚上，这里总是灯红酒绿、人群熙攘，展现着大都市的热闹氛围。

三里屯夜景

随着现代都市的发展，三里屯的一个开放式购物中心——太古里，成为北京最具个性和魅力的风尚地标之一。这里的十几座建筑，都是不规则的立体几何造型，具有很强的现代感。这里有众多国际品牌的服饰店、美妆店、中外餐厅、甜品店、酒吧、咖啡厅、书店、画廊、影院、健身房、精品酒店、文化广场、城市花园等，前卫的设计和优质的服务让人可以尽情享受城市生活的便捷和美好。作为自由多元的时尚“集中地”，三里屯融合了世界各地的时尚、购物、美食、艺术和商务风格，展现出了国际化的潮流休闲理念和生活方式，是北京最具活力和人气的休闲娱乐场所之一。

三里屯靠近使馆区，是居住在北京的外国人最青睐的休闲、购物、娱乐街区之一。这里从来不缺美食，国内天南海北的各大菜系不说，这里还汇聚了来自世界各地的特色餐厅，不管你来自地球的哪个角落，在这里几乎都能找到令你熟悉的家乡味道，像法式大餐、美式西餐、墨西哥菜、意大利菜、希腊菜、西班牙菜、泰国菜、日韩料理等等，应有尽有。地道的口味、地域文化特色的装修，让你在享受家乡味道的同时，也能感受到家乡风情带来的满足感和亲切感。

牛排

泰国菜

这里有很多外国餐厅的老板或者厨师是“老外”，特色食材也有很多是从原产地运来的。

三里屯的美食说很久都说不完。这里无疑是荟萃中西的美食天地，还有好多餐厅等着你去发现和体验。那些想品尝家乡美食的外国朋友一定不要错过，快来这里寻找属于你的惊喜吧！

“宇宙中心”——五道口

五道口，地名指的是从北京北站出发的京张铁路的第五个道口，前后分别还有四道口和六道口。如今它被冠以“宇宙中心”的称号，不仅仅是因为五道口购物中心的霸气标志“U-Center”，更重要的是因为这里汇集了大量的外国留学生。

五道口夜景

五道口周围名校林立，如北京大学、清华大学、北京语言大学、中国地质大学、北京林业大学、北京科技大学等，在这里的大多数留学生都在北京语言大学学习中文。素有“小联合国”之称的北京语言大学招收的留学生来自五湖四海，是五道口国际多元文化的主导。

与三里屯的时尚奢华不同，这里的学院气息十分浓厚。有身形高大、金发碧眼的北欧小伙，有妆容精致、打扮时尚的日韩学生，有颇有几分神秘感的中东学生，有扎着满头发辫的部落女孩。各种肤色的留学生操持着不同语言穿梭在行人中，让人有种置身联合国的错觉。这里可谓是名副其实的“地球村”。

五道口的街边有很多小商品店、小吃店、时尚服装店、各地美食餐厅、特色酒吧及书店等，一些小吃店的门口经常会排很长的队伍。

在五道口的大厦和食苑里，主打韩国美食的餐厅比比皆是。在这些韩国料理店中，啤酒炸鸡、韩式拌饭、参鸡汤等应有尽有，这些美食不仅味道正宗，价格也实惠，让人难挡诱惑。所以不仅韩国人喜欢来这些餐厅，中国人及其他外籍友人也经常光顾。美食文化的交流，也是五道口“宇宙中心”称呼的又一个生动表现。

韩餐

◎ **互动提问：**

1. 你知道北京有哪些特色美食餐厅吗？
2. 你想在北京尝试哪些国家的特色食物？

06

第六章 法治中国

第一节 “最多跑一趟” / 136

第二节 涉外法律法规 / 140

第三节 中国的法律保护与法治生活 / 145

第四节 中国大学的留学生管理制度 / 151

第一节 “最多跑一趟”

作为外国人，你在中国有过“办证”的经历吗？请谈谈你的感受。

“最多跑一次”是简化优化公共服务、打造服务型政府的一项重要改革。它通过“一窗受理、集成服务、一次办结”的服务模式创新，让企业和群众到政府办事实现“最多跑一次”的行政目标。通俗地说，就是让老百姓办事的时候，只需要去一次就能把事情办完。

“最多跑一次”办证窗口示意图

谁是“最多跑一次”的领跑者？

“最多跑一次”由浙江省于2016年率先提出。经过改革，老百姓得以轻松办事、高效办事，他们为“最多跑一次”竖起了大拇指。

谁是“最多跑一次”的跟跑者？

浙江省“最多跑一次”的改革已为中国各地简化优化服务提供了可以借鉴的经验。在浙江省的带动下，河南、黑龙江、陕西、广东、云南等地也纷纷出台了很多“最多跑一次”的措施，“最多跑一次”改革正在进行中。

“最多跑一次”跑出了什么？

首先，跑出了企业创新发展的新速度。浙江省的“最多跑一次”使企业营业执照平均办理时间缩短为现在的0.39天。

其次，跑出了“一证通办”的便民之路。“一证通办”指人们仅凭一张身份证就可以办理社保、公安、民政、不动产等业务。

老百姓为“最多跑一次”改革竖起大拇指示意图

最后，跑出了优质高效的政务环境。杭州市组建的“一家两中心”（即市民之家、行政服务中心、公共资源交易中心）共进驻 70 余个部门和单位，设置服务窗口近 300 个，进驻工作人员 700 多名，可办理各类事项约 1000 项，大大改善了政务服务环境。

涉外政务服务也能“最多跑一次”吗？

【场景一】外商办理营业执照

以前，外商办理企业经营相关事项，要跑商务、工商、海关、公安等多个部门。如今，一些城市的涉外政务服务也搭上了“最多跑一次”的快车。

印度商人 Manish Kishore 在杭州市滨江区行政服务中心很快就办完了营业执照，他脸上露出了满意的微笑：“一个多小时就办完了营业执照，这在以前或是其他地方都是不可想象的！”

为了更好地服务外籍人士，杭州市滨江区还在行政服务中心设立了“外语服务专窗”，推出英语、日语、法语、韩语等语种的服务。

杭州市滨江区企业服务专区

【场景二】高校留学生一站式服务平台：中国高校将“最多跑一次”跑到了线上

中国高校网上办事大厅正在陆续上线。他们秉承“数据多跑路，师生少跑腿”的服务理念，打破时空限制，把多个部门的业务放在统一的平台上，以便更好地为全校师生提供服务。这种“一站式”服务是“最多跑一次”的新表现。

中国高校是来华外国人比较集中的地方。其中，北京语言大学进行国际中文教育和中华文化教育的历史最长、规模最大、师资最雄厚，已经为世界上184个国家和地区培养了近22万名懂中文、熟悉中华文化的外国留学生。

为了更好地服务中外学生，北京语言大学设立了“一站式服务大厅”，为中外学生提供“一条龙”服务——财务处、留学生住宿中心、国际学生事务办公室、学籍管理办公室、招生就业办公室等与学生学习生活相关的部门一应俱全，为学生提供校园卡办理、校园网开通和充值、招生咨询、签证、医疗保险等各类服务。学生既可以在线办理各类一站式服务大厅提供的服务，也可以在此线下开具已学证明、在学证明、学生证等各类证书、证明，已离校国际学生校友也能开具相关材料。此外，这里还可受理学生的咨询、投诉与建议。

◎ 互动提问：

1. 你在中国体验过“最多跑一次”的便利吗？
2. 对于“最多跑一次”，你还有哪些建议？
3. 如果把所有手续都搬到网上办理，你认为可行吗？为什么？

第二节　涉外法律法规

在中国生活，熟悉中国的法律法规格外重要。那么，外国朋友准备前往中国学习或工作的时候，需要了解的法律法规都有哪些呢？

签证申请篇

《中华人民共和国外国人入境出境管理条例》从2013年9月1日起施行，这些条例回答了大部分没有来过中国的人可能会提出的问题：哪些外国人可以进入中国、外国人怎么申请签证、外国人有哪些权利和责任……普通签证分为D、F、Z等12个类别，这些类别会在签证上标明，大家可以根据自己的需要申请不同的签证。

来华学习6个月以上者，凭《外国留学人员来华签证申请表》(JW201表或JW202表)、学校的《录取通知书》和《外国人体格检查记录》，向中国驻外签证机关申请“X”字签证；来华学习期限不满6个月者，凭《外国留学人员来华签证申请表》(JW201表或JW202表)和学校的《录取通知书》，向中国驻外签证机关申请“F”字签证。

从中国入境和出境的外国人当中的大多数人，是根据上述条例在中国学习或工作的。在一些特别的情况下，比如说旅游、中转、观看奥运会这样的时候，中国的很多口岸出台了免签证停留规定和特别的旅行许可。目前，中国在京津冀、长三角等地区推行外国人144小时过境免签政策。管理外国人出入境的机构，是中国的国家移民管理局。

天津首个高校出入境事务服务中心启用

◎ **互动提问：**

你是使用哪一种签证来到中国的？申请中国签证的过程和申请你们国家签证的过程有什么区别？

法律权利篇

《中华人民共和国宪法》规定："中华人民共和国保护在中国境内的外国人的合法权利和权益，在中国境内的外国人必须遵守中华人民共和国的法律。中华人民共和国对于因为政治原因要求避难的外国人，可以给予受庇护的权利。"

相关的法律法规清楚设想了外国人可能遇到的各种学习、工作、生活问题和解决之道，比如出入境携带现金数量、开立银行账户、购买保险、租房居住、工作纳税、结婚生活以及买房定居等。

在中国人民银行公布的标准中，出入境可以携带而且不需要申报的现金数量标准是等值 5000 美元。大家可以按照这个标准换算每个人最多可以携带的本国现金数量。在出示护照的情况下，在中国的机场和银行，把自己国家的通用货币兑换成人民币非常方便。对于需要在中国留学或工作的外国人而言，开立一个中国的银行账户，会让自己的生活方便很多，也可以和中国的年轻人一样，使用支付宝或微信支付，减少携带大量现金的麻烦。

来自新西兰的 Hepburn 夫妇走出广州白云国际机场国际到达出口

中国和世界上很多国家一样，拥有完善的保险制度。按照分别于 2007 年和 2011 年公布的《高等学校要求外国留学生购买保险暂行规定》和《在中国境内就业的外国人参加社会保险暂行办法》，在中国留学 6 个月以上的留学生和在中国工作的外国人，应当购买保险，降低生活中的风险。这样的规定可以帮助大家在有需要的时候得到应有的经济救助。

留学生居留篇

中国教育部、外交部、公安部发布的《高等学校接受外国留学生管理规定》指出："持'X'签证入境的外国留学生必须在自入境之日起30日内，向当地公安机关出入境管理部门申请办理《外国人居留证》。在学期间，如居留证上填写的项目有变更，必须在10日内到当地公安机关出入境管理部门办理变更手续。"

按规定到居住地公安机关办理登记手续以后，外国留学生和中国学生一样可以在校外租房住宿。外国学生在中国租房，一般会找中介。交押金、租金之前，一定要确认房东或中介工作人员的真实身份，保护自己的合法权益。

◎ 互动提问：

1. 你在中国的哪一所大学学习？学习什么专业？
2. 你认为住在校外和校内各有什么好处和坏处？

外国人在华就业篇

中国是深受外国人欢迎的留学、工作目的地。目前，中国已经与上百个国家和地区签订了避免双重征税的协定，其中包括了韩国、意大利、日本等和中国贸易、投资、就

北京语言大学留学生在中秋赏月晚会上表演

业关系密切的经济体。这方面的法律法规强调和鼓励当今国际间公认的原则：在中国工作的外国人，就地纳税和购买保险，享受中国当地的保护和便利。雇佣外国人的公司和机构，也会依据这些法律，为自己的员工购买保险，安排福利，协助和照顾他们的生活。

“中国绿卡”篇

自2004年《外国人在中国永久居留审批管理办法》实施以来，“中国绿卡”一直以“难申请”著称。“中国绿卡”也就是《外国人永久居留证》，申请在中国永久居留的外国人需要具备一定的条件，比如“对中国有重大、突出贡献，以及国家特别需要的”。2020年2月27日，中国司法部公布《中华人民共和国外国人永久居留管理条例（征求意见稿）》向社会各界公开征求意见。其中列举的可以申请永久居留的外国人可概括为6类，即突出贡献类、杰出成就类、因需引进类、任职工作类、外商投资类、家庭团聚类。人们熟悉的成功案例如：生活在北京的篮球明星马布里因对中国篮球运动的贡献申请到“中国绿卡”。

得到永久居留资格的外国人可以凭有效护照和《外国人永久居留证》出入中国国境，无须另外办理签证等手续；在中国就业，免办《外国人就业证》；符合条件的随迁子女可享受相关政策，如参加社会保险、缴存和使用住房公积金等。

中国的许多立法中均有关于外国人权利的具体规定。截至2023年6月28日，中国现行有效的近300件法律中，有不少包含了专门规定外国人权利等内容的条款，这使得外国人在华生活、工作等实现了有法可依。

◎ 互动提问：

1. 你申请过中国的《外国人永久居留证》吗？
2. 你认为这些法律法规给你在中国的生活带来了怎样的保障？

第三节　中国的法律保护与法治生活

在中国，你需要知道的电话——
报警电话：110
急救中心电话：120
火警电话：119

法律保护篇

【场景一】

Linda和Josh是一对外籍教师夫妻，他们生活在中国的一座小城市里。有一天他们一起去超市，夫妻俩分开购物。过了一会儿，Linda想给Josh打电话，告诉他去收银台会合。Linda的手机里，Josh的号码和公安局的号码挨着，所以Linda不小心拨了公安局的号码。她马上意识到自己打错了电话，对方说话急切，但是她一个字也听不懂，只好赶紧说了声抱歉，就挂断了电话。

不过，她的手机很快又响了！

"早上好，这里是公安局，您是不是给我们打过电话？遇到什么麻烦了吗？需要什么帮助？"一位女士用流利的英语问 Linda。

"对不起，我不需要帮助，我按错了号码。"

"您确定不需要我们的帮助？"

Linda 赶紧向对方说明了情况，一场虚惊！但公安局的迅速反应，还是让 Linda 印象深刻。

拨打电话

住宿登记篇

【场景二】

星期天的早上，王奶奶高高兴兴地去早市买了很多蔬菜水果。邻居小李看到了，就问她：“王奶奶，买这么多菜，家里有客人呀？”

“昨天我的外孙从国外回来看我，我要给他做好吃的。”王奶奶高兴地说。

“就是那个加入英国籍的外孙吗？”

“是呀！”

“带他到派出所登记了吗？”

“不用吧？我外孙又不是外人，不用去登记吧？”

【场景三】

这一天，派出所的两位民警到某宾馆例行检查，发现有几位外国人入住，民警问前台服务员：“刚才入住的几个外国人，你们将信息正确录入旅馆业治安管理信息系统了吗？”

前台服务员回答道：“那几个外国人拿来的护照上面全是英文，我们几个服务员都不认识，怕登记错了，修改起来太麻烦，所以我们没有录入他们的信息。”

【场景四】

一个阳光明媚的下午，景区管理员小陈在景区内发现有两个外国人搭着帐篷露营。

“你们要在这里露营吗？”小陈问道。

“是的，这里很漂亮，我们要在这里住一晚。”其中一位外国人用不太流利的中文回答道。

“那你们去派出所进行境外人员住宿登记了吗？”

“没有，我们只是住一晚就走，不用吧？”

上面三个场景都是生活中的小事，但都违反了中国的有关规定。

《中华人民共和国出境入境管理法》第三十九条规定：“外国人在中国境内旅馆住宿的，旅馆应当按照旅馆业治安管理的有关规定为其办理住宿登记，并向所在地公安机关报送外国人住宿登记信息。外国人在旅馆以外的其他住所居住或者住宿的，应当在入住后二十四小时内由本人或留宿人，向居住地的公安机关办理登记。”

《中华人民共和国出境入境管理法》第七十六条规定：“有下列情形之一的，给予警告，可以并处二千元以下罚款：（一）外国人拒不接受公安机关查验其出境入境证件的；（二）外国人拒不交验居留证件的；（三）未按照规定办理外国人出生登记、死亡申报的；（四）外国人居留证件登记事项发生变更，未按照规定办理变更的；（五）在中国境内的外国人冒用他人出境入境证件的；（六）未按照本法第三十九条第二款规定办理登记的。旅馆未按照规定办理外国人住宿登记的，依照《中华人民共和国治安管理处罚法》的有关规定予以处罚；未按照规定向公安机关报送外国人住宿登记信息的，给予警告；情节严重的，处一千元以上五千元以下罚款。”

非法入境篇

【场景五】

星期四的下午，永安镇居民任某和妻子到公安局户籍科为刚出生的女儿上户口。民警发现任某的妻子是外国人，于是问道：“你妻子是外国人，请出示一下她的有效护照。”

“我妻子没有护照。”任某说。

“你妻子没有办理护照和有效签证，那么她进入我国境内的行为属于非法入境。”民警对他们二人说。

上面场景中“妻子”的情况属于“非法入境”，违反了中国的有关规定。

《中华人民共和国出境入境管理法》第二十四条规定：“外国人入境，应当向出入境边防检查机关交验本人的护照或者其他国际旅行证件、签证或者其他入境许可证明，履行规定的手续，经查验准许，方可入境。”

非法居留篇

【场景六】

这一天，新兴镇的刘某带着他的妻子外国人崔某到派出所进行住宿登记，派出所民警对他们说：“请出示你妻子的护照。”

看了崔某的护照后，民警说：“你妻子护照的旅游签证时间已经过期了。如果她要在这里长期居住，就要去公安机关出入境管理部门申请居留许可，知道吗？”

“我们明天就去办手续。”

住宿登记

上面场景中“妻子”的情况属于“非法居留”，违反了中国的有关规定。

《中华人民共和国出境入境管理法》第三十二条规定：“在中国境内居留的外国人申请延长居留期限的，应当在居留证件有效期限届满三十日前向居留地县级以上地方人民政府公安机关出入境管理机构提出申请，按照要求提交申请事由的相关资料。经审查，延期理由合理、充分的，准予延长拘留期限；不予延长拘留期限的，应当按期离境。”

《中华人民共和国出境入境管理法》第七十八条规定：“外国人非法居留的，给予警告；情节严重的，处每非法居留一日五百元，总额不超过一万元的罚款或者五日以上十五日以下拘留。因监护人或者其他负有监护责任的人未尽到监护义务，致使未满十六周岁的外国人非法居留的，对监护人或者其他负有责任的人给予警告，可以并处一千元以下罚款。”

非法就业篇

【场景七】

这一天，有群众反映通江县一所中学聘请了一位外教为学生授课，负责出入境工作的民警前去调查核实。

“你们学校聘请的外教老师有工作许可吗？在我市公安局出入境管理支队申请办理了工作类居留许可吗？”

“有的。”学校一位老师回答道。

民警检查完相关证件后：“他的工作类居留许可限定在我市的另一所学校，所以他不能为其他的学校授课，他的行为已经属于非法就业。”

【场景八】

一天晚上，民警检查一家酒吧，发现有两个外国人在进行表演。民警询问酒吧经理：“你们酒吧进行表演的外国人有文化部下发的《临时营业演出许可证》或《中华人民共和国外国人就业许可证书》吗？这两名外国人在市公安局出入境管理支队申请办理了工作类居留许可了吗？我们要检查一下。”

“我们只是请他们过来表演一晚，明天就走。”酒吧经理回答民警。

“这两个外国人的护照上面都是旅游签证，他们不能进行表演，请立即停止。他们的行为已经属于外国人非法就业行为，你们的行为已经属于非法聘用外国人就业行为。”

上面两个场景中的情况都属于“非法就业”，违反了中国的有关规定。

《中华人民共和国出境入境管理法》第四十一条规定：“外国人在中国境内工作，应当按照规定取得工作许可和工作类居留证件。任何单位和个人不得聘用未取得工作许可和工作类居留证件的外国人。外国人在中国境内工作管理办法由国务院规定。”

《中华人民共和国出境入境管理法》第六十二条规定：“外国人有下列情形之一的，可以遣送出境：(一)被处限期出境，未在规定期限内离境的；(二)有不准入境情形的；(三)非法居留、非法就业的；(四)违反本法或者其他法律、行政法规需要遣送出境的。其他境外人员有前款所列情形之一的，可以依法遣送出境。被遣送出境的人员，自被遣送出境之日起一至五年内不准入境。”

《中华人民共和国出境入境管理法》第八十条规定：“外国人非法就业的，处五千元以上二万元以下罚款；情节严重的，处五日以上十五日以下拘留，并处五千元以上二万元以下罚款。介绍外国人非法就业的，对个人处每非法介绍一人五千元，总额不超过五万元的罚款；对单位处每非法介绍一人五千元，总额不超过十万元的罚款；有违法所得的，没收违法所得。非法聘用外国人的，处每非法聘用一人一万元，总额不超过十万元的罚款；有违法所得的，没收违法所得。”

来华的外国朋友们，一定记得按规定及时登记、申报哦！每个国家都有自己的法律法规，中国的法律也会保护每一位遵纪守法的外国朋友！

◎ 互动提问：

还记得 110、120、119 三个电话号码吗？有没有记住它们都是什么电话？

第四节 中国大学的留学生管理制度

欢迎你选择来中国的大学留学！当你计划在中国的大学攻读学位或研修时，你一定对在华的留学生活充满期待和好奇。在这里，你将开启一段神奇的留学之旅，你既会面临机遇和挑战，也会收获成长和快乐。如果你对中国大学的留学生管理制度有所了解，将有助于你更好地享受留学生活。

来自世界各地的外国留学生们

学籍管理篇

中国的大学一学年分为春季和秋季两个学期，每个学期的学习时间在 16 周左右。秋季学期一般从 9 月开始，春季学期一般从 2 月开始。

如果你是新生，你需要根据所在院校留学生管理办公室的要求完成注册；如果你已经是在校生，每学期应按规定日期到校注册，注册须由本人携带学生证完成，不能委托他人代办。

如果你因故不能继续学习，可以申请休学，休学期限从一个学期至一学年不等，休学期间保留学籍。但请注意，休学申请一定要提前提出，并需要根据具体要求完成申请流程。在当前学期申请休学，或者开课一段时间以后申请休学都是无效的。

如你因故退学，学籍不再保留。

【场景一】

九月的第一个周一，新的学期开始了，辅导员在微信群里通知大家到综合楼留学生管理办公室完成注册。

“老师您好，我是外国来的留学生，我来注册。”

“好的，请问你已经缴纳学费了吗？”老师问。

“还没有老师，我以为可以先来注册，再去缴纳学费。”

“是这样的，按照规定，没有缴费不可以进行注册，也不能进入课程学习的环节。”老师回答道。

“啊！明白了！我现在就去缴费。”

【场景二】

“咚咚咚……”某学院留学生管理办公室响起了一阵敲门声。

留学生敲门

“请进。”

“老师好，我的舍友今天早上有点儿头疼，他拜托我帮他来这里注册。”

老师回答说：“不好意思，这个情况我不能给他注册，注册时必须本人来。”

“好的，那我回去告诉他，老师再见。”

老师赶紧补充道：“提醒他来的时候带上自己的学生证，注意身体！”

【场景三】

开学有一段时间了，有一天，小马的舍友突然开始收拾行李。

小马担心地问："小刘，你怎么把东西都收起来了？你要去哪里？"

小刘回答说："我觉得最近有些累，打算休学一年。"

"你是已经申请了休学并保留学籍吗？"

"还没有，我打算下午去。"

"可是我们已经开课一段时间了，现在申请这个学期休学是无效的。"

【小贴士】

注册前必须先缴清学费，如果没有缴清学费，将不予注册，也无法进入课程学习环节。

◎ **互动提问：**

你们国家的学期设置跟中国一样吗？

课程管理篇

本科生在校的基本学习期限为四年，可以根据实际情况缩短或延长学习年限。如需缩短或延长学习年限，要依照各个院校的具体规定申请执行。研修生则可选择在华短期或长期进修。

在学习期限内，你将会学习两类课程：必修课和选修课。

必修课是教学计划规定必须学习的课程，包括公共必修课和专业必修课等；选修课是根据教学计划要求和个人兴趣自由选择学习的课程，包括通选课、专业选修课和公共选修课等。

必修课和选修课的学习基本都实行学分制，考试合格即可获得相应课程的学分。只有在每一个阶段都获得了足够的学分，才能进行更高层次的学习，直至结业或毕业。

攻读硕士研究生学位的留学生学制为2—3年。学生必须在规定的学习年限内合格地完成所学学科、专业培养方案规定的内容等。学生学习采取学分制管理，应当修满所学学科、专业培养方案要求的学分，留学生的总学分最低要求与中国学生基本一致。未取得培养计划规定的总学分的，不得参加论文答辩。在读期间各方面表现突出的留学生可申请提前毕业。

【场景四】

某天上午，老师通知大家："学校的选课系统下午就要关闭了，请没有选课的同学们尽快完成选课。"

"小刘，你快来帮我看看，我和你们中国学生需要修的学分一样吗？"

"你和我们需要修的总学分一样，但是只有考试合格了你才能获得相应的学分。"

"我明白了！我对选修课比较感兴趣，我都选了选修课，这样我的学分够了，必修课可以不选了对吧？"

"不可以。必修课是必须要学习的，如果你没有取得规定的总学分，你就不能参加答辩了！"

"天呢，那我赶快看看自己的课程安排。谢谢你！"

【场景五】

在中国的学习生活马上就要接近尾声了，小范同学的总学分也已经修够了。

他的舍友问他："你打算毕业后去哪里？"

小范回答说："实际上，我打算提前结束学习生活，尽快回国进入工作状态。"

"这样啊。那你和学院申请了吗？"

小范同学说："啊？还需要申请吗？我以为修完学分就可以提前毕业了。"

"当然不可以了，你可以问一下老师，根据你们学院的规定来申请。"

"好的，谢谢你提醒我。"

【小贴士】

对于课程的类型和要求，不同大学的具体规定不完全相同，在选课的时候一定要跟所在院校或院系的教务办详细咨询，为自己设计一个合理、高效的学习计划。在错过选课调整期以后，选择的课程就不能再变。去全力以赴完成你的学习计划吧。

◎ **互动提问：**

你对选修课有什么样的期待？

考核管理篇

对于教学计划规定的课堂讲授、考试、考查和其他活动，学校要求进行考勤。如因故不能出勤，应事先请假，未请假或者请假未获批准而不出勤者，将视为旷课。凡旷课累计超过一定学时的，将失去参加考试的资格。

对于所修课程，留学生必须参加考试或考查。因故不能参加考试时，需及时说明原因，可申请缓考，学校会根据实际情况定夺。考试一般采用百分制，60 分为及格。考试最终评定成绩主要由平时成绩和期末成绩两部分组成，平时成绩包括学生出勤情况、课堂表现、课后作业、平时测验及期中考试成绩（如有）等。考试不及格的课程，可以根据要求申请重修。

【场景六】

考试马上就要开始了，教室里突然跑进来一位同学，他打破了安静的氛围。

老师看着这位气喘吁吁的同学说：“同学，你是来参加考试的吗？”

“是的老师。”

“你是我们一班的同学对吗？”

“对，老师。”

“我平时上课的时候很少见你出勤，也没有收到过你的请假信息。你旷课很多次了。”

“老师，我觉得您平时讲的内容我都掌握了，所以我想直接来参加考试。”

“不好意思，你旷课已经超过了规定时长，没有参加考试的资格了。”

学生们在参加考试

【场景七】

下周就要考试了，这天，小黄同学在宿舍里唉声叹气。

他心里想：“唉！我还没有复习好，感觉还需要复习一段时间才能上考场，要不不去了。”

晚上他的朋友见他开始玩游戏，惊讶地说：“你不是要考试了吗？怎么还玩游戏？”

“我不去考试了。”小黄头也不抬地说。

“怎么了？是不是身体不舒服？如果参加不了考试的话，一定要及时申请缓考呀！”

小黄说道：“我就是觉得我复习得不好，所以不想去了，反正我也考不好。”

“那怎么行？你修的课程必须要参加考试，通过后才能有学分啊！”

“那我赶快继续复习吧，争取通过考试。”

【场景八】

一天，老师发布通知说：“下午大家就可以查到自己每门课的成绩了。”

“你考得怎么样，小杰？”

“不太好。有一门课我的成绩低于 60 分。”

“啊？我来帮你看看。确实是，这门课你的平时成绩还可以，但是期末成绩不太好，也许是考试没有发挥好。”

“是的，所以我这门课就不及格了。”

“没关系，你可以申请重修，一定可以通过的，加油！”

“好的，谢谢你！”

【小贴士】

取消考试资格甚至学习资格的旷课学时标准，各学校不完全相同，请务必关注所在院校或院系教务办的具体规定。

学费管理篇

如果你是自费留学生，每学期完成注册前你需要缴纳学费，收费标准在各院校的官网都可查询。学费可以按学期，也可以按学年缴纳，需要参照各院校的具体规定执行。

中国政府为留学生设立了各类奖学金，包括中国政府奖学金、国际中文教师奖学金、学校奖学金、企业奖学金及其他奖学金等。如果你感兴趣，可以登录中国国家留学基金管理委员会的网站和“留学中国”网，查询有关信息。

"留学中国"网

如果你获得了奖学金，学校将根据你所获奖学金的性质，为你减免相应的费用。在申请奖学金之前，你需要充分了解奖学金的申请条件、申请时间、额度、申请材料、申请流程等。另外，享受中国政府奖学金的来华学习的外国留学生应当接受年度评审，评审工作由各学校按照有关规定进行。对于未通过评审的外国留学生，相关单位将根据规定中止或取消其享受中国政府奖学金的资格。

只要你足够优秀，就有机会获得奖学金。

获得中国政府奖学金的印尼学生

【场景九】

学费缴纳完成后，小李想要找一份兼职工作减轻父母的负担，但是她很担心会因此影响到自己的学习。

辅导员老师发现了她的迷茫，于是她决定借此机会请教一下辅导员老师："老师，您有没有什么好的建议呢？"

"别担心，中国政府为留学生设立了很多不同的奖学金，我觉得去申请这些奖学金是一个不错的办法。"

"可是老师，我不知道从哪里找到这些信息。"

"有一个'留学中国'网，我一会儿把网址发给你。"

"太好了！谢谢老师！"

"不客气，你这么优秀，老师相信你一定有机会获得奖学金。"

【场景十】

A 同学享受了中国政府奖学金来中国学习。一天，他的朋友和他说："听说学校下周开始进行享受奖学金学生的年度评审。"

"啊？我以为得到奖学金后就结束了，我这学期都没有好好学习。"

"那你可要注意了，没有通过评审的话，可能会中止或者取消享受中国政府奖学金的资格。"

"是我没有认真对待学习。"

"是的，这可不是一劳永逸的事情。"

【小贴士】

新生和非新生缴纳学费的细则略有不同，请注意相关信息。由于奖学金的性质不同，申请奖学金的细则也不完全相同，所以请务必充分了解有关政策。

住宿管理篇

学生宿舍（整体）

在中国大学留学期间，你可以选择在校内住宿，也可选择在校外住宿。

如果你在校内住宿，请严格执行学校的住宿管理规定，按时缴纳住宿费，认真做好安全防范工作，禁止无故夜不归宿等。如拖欠房费，会被取消住宿资格；如果退宿，请归还钥匙并结算住宿费。

如果你在校外住宿，请遵照规定到居住地公安机关办理登记手续，同时注意做好安全防范措施、及时缴清房屋租金等，以避免不必要的法律纠纷。

【场景十一】

学生宿舍（局部）

星期二的下午，宿舍管理员敲了敲 101 宿舍的房门，小陈打开了门。

“您好，请问有什么事情吗？”

管理员回答道：“同学你好，昨天是缴纳住宿费的最后一天，你的房费还没有缴纳对吗？”

“哎呀，我最近太忙了，给忘了，能不能拖欠几天，我过几天就交。”

“不好意思，无故拖欠房费会取消你的住宿资格。”

【场景十二】

小 C 同学在中国上学期间，选择了校外住宿。这一天，一位民警来到了她的住所门口。

“你好，请问你有没有去我们公安机关进行相关登记？”

小 C 说：“还要登记吗？我是学校的学生，选了校外住宿，我以为在学校申请登记过就不用再登记了。”

“按照规定，你必须到居住地的公安机关办理登记手续。”

“好的好的，真是不好意思。我马上就去。”

◎ **互动提问：**

你更期待住在校内还是校外呢？

奖励和惩戒篇

在中国大学留学期间，请遵守中国的法律法规、学校的规章制度和纪律，以及中国的社会公德和风俗习惯，这样你将会度过非常愉快的留学时光。如果你表现优秀，还会获得相应的表彰奖励。但是，如果违反了相关规定，那么也会受到严厉处分，例如触犯中国法律，未请假无故旷课，妨碍工作人员、学校管理人员正常工作等，有关单位或部门将根据情节轻重分别给予警告、严重警告、留校察看、劝其退学、勒令退学、开除学籍等惩戒。

在中国获得学位的外国留学生

【小贴士】

外国留学生在校学习期间不得就业、经商，或从事其他经营性活动。留学生如有违法行为，中国公安机关将按照中国的有关法律处理。

◎ **互动提问：**

在学习过程中，你希望获得什么样的奖励？

07

第七章 发展的中国

第一节 创新是引领发展的第一动力 / 164

第二节 协调是持续健康发展的内在要求/ 168

第三节 绿色是高质量发展的底色 / 172

第四节 中国开放的大门越开越大 / 176

第五节 共商共建共享，共创美好未来 / 180

第一节　创新是引领发展的第一动力

创新是引领发展的第一动力。你了解近年来中国在创新和科技发展方面取得的进步和成绩吗？让我们一起寻着中国创新的脚步，去发现引领中国发展的动力吧！

“创新是一个民族进步的灵魂，是一个国家兴旺发达的不竭动力，也是中华民族最深沉的民族禀赋。”“抓创新就是抓发展，谋创新就是谋未来。不创新就要落后，创新慢了也要落后。”“创新”是当代中国的高频词。“‘惟创新者进，惟创新者强，惟创新者胜’。敢于开拓创新，能够打破条条框框的限制，根据实际情况不断创造独特的中国方案、中国智慧，这是百年奋斗的重要经验启示，更是中国特色社会主义制度优越性的重要体现。无论是为寻油、防沙治沙，还是遨游太空、深潜海底，或者是改革扬帆、自贸启航……”一个国家的发展离不开创新，越是面对问题，越要开拓创新，要激发整个社会的创造活力、创新动力。

科技领域是一个日新月异、飞速发展的领域，需要不断改革创新。“攀登世界科技高峰没有捷径，必须培育和发扬改革创新的时代精神，坚持走自主创新的道路。”这其中最具代表性的就是中国在航空航天领域的创新发展。

回溯人类漫长的进化史，探索和创新贯穿始终。人类探索太空的过程也是一部不断创新的精彩历史。西方有许多关于太空和星星的神话，中国古代也有“嫦娥奔月”的美丽神话故事。可以说，人类对宇宙的向往古来有之，对外太空的探索也从未停歇，而这一切都伴随着一系列轰轰烈烈而又脚踏实地的科技发展和创新。

相传，人类历史上最早试图将火箭作为运载工具使用的人是中国的万户。据记载，万户是明朝人，他的真名叫陶成道，万户是其官职名，后人以此称呼他。为了实现自己的“飞天”梦想，万户坐在绑了47支火箭的椅子上，手里拿着风筝，想用这样的方法尝试飞向天空，但是不幸火箭爆炸了，万户也为此献出了生命。这就是“万户飞天”事件。万户的尝试和努力虽然失败了，但他借助火箭推力升空的创想开启了人类尝试遨游外太空的征程，因此他被世界公认为“真正的航天始祖”。为了纪念这位世界“航天始祖”，天文学家将月球上的一座环形火山命名为“万户山”。从此，人类对载人航天的探索不断深入，航天领域的创新科技也日新月异。

1961年至1975年，是人类太空探索的巅峰期。1961年，苏联宇航员尤里•加加林乘“东方一号”宇宙飞船成功完成了载人航天飞行并安全返回。虽然这次仅仅升空到300千米左右，历时不到两小时，只绕地球一圈就返回，但这是世界上首次载人宇宙飞行，具有里程碑式的意义。1962年，美国宇航员约翰•格伦搭乘“友谊七号”飞船进入太空。

阿波罗计划是美国20世纪60年代初至20世纪70年代初组织实施的载人登月工程。1969年7月，巨大的“土星五号”火箭载着著名的“阿波罗十一号”飞船携带3名宇航员成功登陆月球。阿姆斯特朗和奥尔德林先后踏上了月球，而另一名宇航员科林斯则留在指令舱中并绕月球环行。这是人类第一次踏上月球，也是人类第一次踏上地球外的另一个星球。

在航天探索方面，中国人也从未停下自己的脚步。从1956年中国成立第一个导弹研究机构开始，中国人的现代航天梦想和创新之旅就已起航。1970年4月24日，中国第一枚运载火箭“长征一号”和第一颗人造卫星“东方红一号”在酒泉卫星发射中心成功发射。“东方红一号”是中国航天事业的第一个重大里程碑，有重要意义。2003年10月，经过前期研究与多次的试验，“神舟五号”载人飞船发射成功，它将航天员杨利伟和一面中国国旗送入太空。

“神舟五号”飞船的成功发射和返回，标志着中国成为世界上第三个能够独立开展载人航天活动的国家，是中国航天事业一座新的里程碑。2007年10月底发射成功的“嫦娥一号”是中国首颗探月人造卫星，它的名字取自中国古代神话故事“嫦娥奔月”。“嫦娥一

“神舟五号”返回舱和航天员杨利伟使用过的航天服实物

宇航员形象

号”的成功发射使中国成为世界上少数具有深空探测能力的国家之一，是中国航天事业的又一个里程碑。秉持科技自主创新的理念，中国的航天事业正在快速蓬勃发展，不断利用科技创新造福人类。

除了人类之外，一批特殊的“宇航员”也跟随卫星、飞船上了太空，那就是带入太空的种子。1987 年至今，中国已经先后 30 余次利用返回式卫星、神舟飞船等航天器搭载植物种子，开展航天育种，已经培育出 700 余种航天育种新品系、新品种，包括林草花卉、中草药新品种等。航天育种正是通过空间诱变育种技术，将航天技术应用于农业生产，服务和造福人类的伟大科技探索与创新，为人类未来生存和发展注入强大的科技创新源泉。

创新是引领发展的第一动力，自主创新是中国攀登世界科技高峰的必由之路。新兴前沿技术不断催生新产业、新业态，超级计算、大数据、区块链等加快应用，推动人工智能、数字经济蓬勃发展。深海油气、煤炭清洁高效利用、新型核电技术为国家能源安全提供了有力保障。“嫦娥”奔月、“祝融”探火、“羲和”逐日、“蛟龙”深潜，大兴机场“凤凰展翅”、港珠澳大桥飞架三地、“复兴号”高铁纵横驰骋、特高压输电工程跨越千山万水……非凡的辉煌成就证明，要想高质量发展必须坚持自主创新，“抓创新就是抓发展，谋创新就是谋未来”。

中国人民是勤劳勇敢、聪明智慧的，也是富于创新创造精神的。中国正在创新的大道上阔步前行。

◎ 互动提问：

1. 请你谈一谈，创新是如何推动中国经济和社会发展的？
2. 近年来，中国在航空航天领域取得了哪些创新成果？
3. 除了航空航天领域，你还知道哪些中国在科技创新方面取得的进步和成果？

第二节 协调是持续健康发展的内在要求

协调是持续健康发展的内在要求。近年来，中国在推动区域协调发展、摆脱贫困和全面建成小康社会方面取得了举世瞩目的成就。你知道中国的“法宝”是什么吗？让我们一起探索中国的协调发展战略，发现中国全面建成小康社会的发展“密码”吧！

协调是持续健康发展的内在要求。

“坚持协调发展，必须牢牢把握中国特色社会主义事业总体布局，正确处理发展中的重大关系，重点促进城乡区域协调发展，促进经济社会协调发展，促进新型工业化、信息化、城镇化、农业现代化同步发展，在增强国家硬实力的同时注重提升国家软实力，不断增强发展整体性。”

改革开放以来，中国的经济和社会取得了高速的发展，但也面临着区域差距、城乡差距、物质文明和精神文明发展不同步等“成长的烦恼”。“区域协调发展是推动高质量发展的关键支撑，是实现共同富裕的内在要求，是推进中国式现代化的重要内容。中国幅员辽阔、人口众多，各地区基础条件差别之大在世界上少有，统筹区域协调发展任务十分艰巨。”

智慧农业示范园

东西协作山海情　共同奔向富裕路

初夏时节，银川市永宁县闽宁镇的葡萄基地生机盎然，水泥路宽阔笔直，街道两旁是错落有致的新式平房，门口随处可见村民的私家车。谁能想象，20 多年前，这里风沙肆虐，土地干涸，几乎没有现代工农业生产，老百姓生活十分贫困。那么是什么给他们带来了快速脱贫、高速发展的动力呢？

闽宁镇是中国东西部扶贫协作示范点。对口帮扶，使东部沿海富裕省份福建与西部宁夏回族自治区结成了“对子”。20 多年来，宁夏与福建紧密对接，双方协作机制不断完善。据相关资料，福建省沿海经济发达地区的 5 个地级市所辖的 39 个县（市、区）先后与宁夏 9 个贫困县（区）和闽宁镇结成帮扶对子，两省区 20 多个省直部门、80 多个县级部门互学互助，101 对乡镇、126 对建制村建立了结对帮扶关系，积极开展携手奔小康行动。

从基础设施到产业扶持，从劳务协作到民生帮扶……25 年来，福建省累计投入闽宁协作资金 33.69 亿元，其中省级财政累计投入无偿援助资金 19.34 亿元，不遗余力帮扶宁夏。

宁夏闽宁镇智慧农业产业园

2020 年，宁夏脱贫攻坚取得全面胜利，80.3 万建档立卡贫困人口全部脱贫退出，1100 个贫困村全部出列，9 个贫困县全部摘帽，全区历史性告别了绝对贫困、区域性整体贫困，闽宁对口扶贫协作取得了振奋人心的历史成果，铸就了闽宁协作史上的一座丰碑。

经过多年不懈奋斗，闽宁镇从最初的 8000 人发展成 6.6 万人的移民示范镇，形成了特色种植、特色养殖、文化旅游、设施农业、商贸物流等一批特色优势产业，移民年人均可支配收入由搬迁之初的 500 元跃升到 2020 年的 14,960 元，村集体经济收入超过 600

万元，昔日风吹沙粒跑的“干沙滩”，变成了现在绿树成荫、良田万顷、经济繁荣、百姓富裕的“金沙滩”。

山为凭，海为证。20 多年来，闽宁之间从单向扶贫到产业对接，从经济援助到社会事业多领域深度合作，形成了独具特色的“闽宁模式”，谱写了中国东西部扶贫协作的辉煌乐章。

如今，这场跨越时空的守望相助，已掀开新的一页。闽宁合作探索出了一条康庄大道，其宝贵经验也推向了全国。闽宁两省区全领域、广覆盖、多层次的深化协作不断推进，携手绘制的乡村振兴新蓝图正徐徐展开。

◎ 互动提问：

1. 请你谈一谈，中国是如何通过区域协调发展推动共同富裕的？

2. 通过“山海闽宁”的故事，你了解了什么样的协调发展故事？请用你自己的话说一说。

第三节　绿色是高质量发展的底色

“加强生态文明建设，是贯彻新发展理念、推动经济社会高质量发展的必然要求，也是人民群众追求高品质生活的共识和呼声。”我们要为保护绿色生态，共建美好家园做出自己的努力。

“生态是资源和财富，是我们的宝藏。”发展绿色产业，建设生态文明，是尊重生态规律的表现，生态文明建设关系着未来的发展。发展必须是遵循自然规律的可持续发展。近年来，中国的生态环境持续改善，生态安全屏障更加牢固，城乡人居环境明显改善。

联合国粮农组织的数据告诉我们，过去20多年，全球森林覆盖面积减少了近1亿公顷，尽管减少的速度低于以往，但数据仍在下降。

中国在保护森林方面做出了巨大的努力。2019年时，中国已经初步形成了国有林以公益林为主、集体林以商品林为主、木材供给以人工林为主的格局。《2022年中国国土绿化状况公报》显示，中国森林覆盖率达24.02%，森林面积2.31亿公顷。

中国推进“双碳”（即碳达峰、碳中和）工作，倡导绿色、环保、低碳的生活方式。中国持续推进产业结构和能源结构调整，大力发展可再生能源，在沙漠、戈壁、荒漠地区加快规划建设大型风电光伏基地项目。

光伏产业助力高原生态绿色发展

绿色能源助力“双碳”目标

2022年11月6日，“绿色生活，共建共享——倡导公众参与绿色行动”的主题边会在《联合国气候变化框架公约》第二十七次缔约方大会（COP27）的中国角举行。作为最大的发展中国家，中国始终以负责任的态度积极参与全球气候治理。2019年底，中国就已经提前超额完成2020年气候行动目标，公布实现碳达峰、碳中和的时间表、路线图，并出台落实“双碳”目标的“1+N”政策体系。大家走过公园和公共场所时，可以发现很多跟碳排放有关的转盘和标识，它们帮助人们在生活中积极参加绿色共享的活动。中国在绿色发展的领域处于全球领先位置，以实际行动为全球气候治理增添正能量。

中国长期积极营造绿色低碳氛围，激励全社会参与碳减排，践行绿色低碳行为。生态环境部连续多年部署开展“美丽中国，我是行动者”主题实践活动，更广泛地动员全社会参与生态文明建设，推动形成人人关心、支持、参与生态环境保护的社会氛围；将生态文明建设纳入国民教育体系，加强中小学、幼儿园生态文明教育；开展应对气候变化的城市交流活动和进社区、进高校系列活动，传播社会绿色发展理念，引导公众践行节能低碳生活方式。

那么我们在未来可以怎么做呢？让我们一起来听听被采访到的人是怎么说的吧。

被采访者A（大学生）：“作为一名大学生，对我们而言最直接的途径就是宣传和教育，要让更多人了解到环保和节能的重要性。政府应该鼓励和支持绿色能源的使用，并制定更加严格的环保法律和政策。同时，我们每个人都应该从日常生活做起，减少能源的浪费和碳排放，例如乘坐公共交通工具、使用高效节能的家电等。”

被采访者B（职员）：“作为一名工作人员，我认为我们可以从提高绿色技术的应用水平入手，开发和使用新能源，减少碳排放。政府应该鼓励和支持绿色技术的研发和推广，并为企业提供相应的政策和资金支持。同时，企业也应该加强自身的环保意识，通过降低能源消耗、优化生产工艺等方式减少碳排放。”

被采访者C（企业家）：“我认为建设绿色家园的关键在于加强企业的环保意识和责任感，采用更加环保的生产工艺和技术，减少能源消耗和碳排放。同时，企业还可以通过投资绿色能源项目等方式积极参与环保事业。政府应该推进环保相关的法律法规的制定和实施，提供相关政策和资金支持，促进环保产业的发展。实现生态友好需要全社会的共同努力，每个人都应该从日常生活做起，减少浪费，支持可持续发展。”

高山原始森林中树生杜鹃绽放

倡导生态文明，建设绿色家园，需要树立和大力推广绿色文明理念。绿色文明是人与自然和谐相处、经济社会与环境协调发展的新的文明。应该让这一文明成为每个社会成员的共同认知，让每个社会成员都能自觉传播、实践人与自然和谐共生的绿色文明理念。在这种理念的支持下，每个人都是绿色生活的践行者和传播者！

◎ 互动提问：

1. 你知道为了实现低碳生活，我们具体可以做什么吗？

2. 有人说，完全的低碳生活就是一味的节俭。对此，你有什么看法？

3. 你了解新能源吗？除了新能源汽车之外，新能源还能被用在什么地方？

4. 现实生活中，很多人仍旧使用一次性筷子、塑料袋等不环保的物品，你认为应该如何解决这些问题？

第四节　中国开放的大门越开越大

你听说过广交会、进博会吗？请大家和我们一起走进中国开放的大门，聆听中国开放的故事，感受开放发展的魅力。

“开放是人类文明进步的重要动力，是世界繁荣发展的必由之路。”在中国，我们可以在超市买到从不同国家进口的美味零食，也可以去商场挑选、购买不同品牌的国外化妆品。在国外，小到智能家电、智能手机，大到地铁、动车，“中国制造”走出国门，在国际市场已有所作为并广受欢迎。中外开放合作，未来的道路会越走越宽。

中国的友好开放，可以追溯到很久之前。形成于秦汉时期的海上丝绸之路越过了汪洋大海，西汉时期的陆上丝绸之路穿过了苍山荒漠，唐代的长安街集聚了周方十国的商旅过客，明朝郑和七下西洋造访了30多个国家和地区，明清时期的外国传教士给中国带来了西方的科技和艺术思想……

1978年起，改革开放的春风吹到了中国大地，深圳、珠海、汕头和厦门四个经济特区相继设立；之后，中国更是显示出自身发展与世界发展高度统一的时代自觉，既把握时代潮流强壮自己，也为开放型世界经济贡献重要动力，提供中国机遇。

2001年，中国加入世界贸易组织；2008年，昆曼国际大通道串联起了中、老、泰三国；2011年，“一带一路”上的“钢铁驼队”——中欧班列满载商品启程出发，穿行于中国与欧洲之间；2013年起至今，20余个自由贸易试验区引领新发展；2018年至今，海南稳步推进中国特色自由贸易港建设……开放的中国在历史的长河中熠熠生辉。中国坚定不移地全面扩大开放，开放已经成为当代中国的鲜明标识。新时代的中国正敞开胸怀，拥抱世界。

中欧班列开出

中国始终坚持对外开放的基本国策，从广交会到进博会，世界见证着中国的高质量开放。

广交会创办于 1957 年，原名“中国出口商品交易会”，首届广交会仅 13 家专业外贸总公司组织交易团参展。改革开放打开了中国的大门，在 1978 年举行的第 43 届广交会上，有来自 98 个国家和地区的采购商到会，共 17,000 多人。此后，数以万计的中国企业开始瞄准广交会这个出口“快车”。通过广交会，成千上万的“中国制造”走出国门，走向世界。

第 133 届广交会为中国外贸注入“强心剂”

2007 年，在中国加入世贸组织之后，“中国出口商品交易会”正式更名为“中国进出口商品交易会”。从此开始，广交会已从单向出口交易平台转为进出口双向平台，从“走出去”到“引进来”，从“卖全球”到“买全球”。1978 年，中国货物进出口总额只有 206 亿美元，然而到了 2022 年，总额已突破 40 万亿元人民币，其中，出口 23.97 万亿元，进口 18.1 万亿元。

2017 年，在北京“一带一路”国际合作高峰论坛开幕式上，中国国家主席习近平宣布：“中国将从 2018 年起举办中国国际进口博览会。”首届进博会共有 172 个国家、地区和国际组织参会，3600 多家企业参展。远道而来的外国参展商都希望抓住中国消费升级和高质量发展的机遇，也希望借此平台找到合适的中国伙伴，一起开拓全球范围内的第三方市场。

进博会是世界上第一个以进口为主题的国家级展会，它为我们带来了许许多多中外贸易合作的精彩故事……

最初的参展商有的已经变成了投资商，还有连续五年参展的企业和商人，他们可都是进博会的“铁粉”！奥克森就是进博会的“老铁”，他是跨国公司格兰富的商用建筑业

2022 年卡塔尔世界杯官方比赛用球成第五届进博会热门“打卡点”

务全球产品高级总监。格兰富不仅连续五年参展，还是进博会场馆“四叶草”的设备供应商。2021 年初，格兰富将全球商用建筑业务的集团总部从丹麦转移至上海。当时，奥克森也决定全家定居上海，但由于种种原因，来华定居计划迟迟未能实现。“中国有句话叫‘好事多磨’，只要前景可期，一切都值得。”奥克森说。2022 年 7 月，奥克森一家终于启程，并于 8 月初抵达上海。

还有在“进博速度”中大大受益的新西兰“老铁”——乳业企业纽仕兰。在首届进博会上，纽仕兰受益于贸易便利化政策，实现了 72 小时进口鲜奶销量由进博会前的每周 3000 瓶增至每周 30,000 瓶。

进博会“老铁”们的故事还有很多：因进博会而生、白手起家的秘鲁玩偶品牌“温暖驼”，品质优良、浓香醇厚的东帝汶咖啡，蕴含当地文化、香气美妙的美国精油品牌多特瑞……未来进博会也必将连载更多精彩的进博故事。

中国推动更高水平开放的脚步永远不会停止。在未来，中国的开放将为世界创造更多的发展机遇，开放的中国也将以更加开放的姿态拥抱世界！

◎ 互动提问：

1. 请你谈一谈，中国为什么不会停止对外开放的脚步？

2. 了解了中国的开放故事，你有哪些感悟？

3. 除了课文中提及的那些故事，你还了解哪些进博会故事？在这些故事中，你感受到了当今中国怎样的开放发展？

4. 请谈一谈，在开放发展的过程中，国家、地区、企业及个人要做好哪些事情？

第五节　共商共建共享，共创美好未来

共商共建共享的全球治理观已经得到了国际社会的广泛认可，这体现了中国智慧。中国将与世界各国一起，共同努力，共同创造美好的未来。

当今世界是一个互联互通的世界，各种信息在全球加速流动，前所未有地把世界各国紧密地联系起来。没有一个国家可以在封闭中发展自己，也没有人能够独立存在。要实现自身发展，合作是必然选择。中国秉持着共商共建共享的核心理念，遵循着开放、透明的原则，努力在世界范围内实现合作共赢。共商共建共享的全球治理观是中国积极参与全球治理体系变革和建设的基本理念和主张，为建设一个更加美好的世界提供了中国智慧，为破解世界共同面临的治理难题提供了中国方案，为人类命运共同体创造了新的定义。

“共享”是寻求各国平等发展，让世界上每个国家及其人民都享有平等的发展机会。世界的命运应该由各国人民共同掌握，全球事务应该由各国人民共同治理，发展成果应该由各国人民共同分享。中国在这样的指引下，积极地投身于全球合作。近年来，中国在部分国家投资建设了一些重大项目，主要是基础设施建设项目，包括公路、铁路、港口、电站、石油和天然气管道建设项目等。此外，中国也与一些国家合作共建了一批经贸合作区，启动并推进了一批产能合作项目。为了从资金供给方面保障这些项目的顺利实施，中国除了成立丝路基金外，还与其他国家密切合作，共同创建了亚洲基础设施投资银行和金砖国家新开发银行。中国不仅加入了普遍性政府间国际组织，参加了600多项国际公约及修正案，还向160多个发展中国家提供发展援助，通过“中国项目”帮助最不发达国家加入世贸组织、融入全球经济。

"一带一路"国际合作高峰论坛咨询委员会第二次会议现场

举办"一带一路"国际合作高峰论坛，就是为了形成合力，共同推进"一带一路"建设。共建"一带一路"倡议的亮点就在于中国的共享精神，中国将自己的成功经验与其他发展中国家共享。巴基斯坦规划发展与特别项目部部长阿赫桑·伊克巴尔在论坛上说，共建"一带一路"倡议帮助巴基斯坦填补了在工业、基础设施、技术等各个领域的资金缺口，中巴经济走廊让巴基斯坦有途径获取技术、资金，有了这些"一带一路"的旗舰项目，才有了互联互通的基础，巴基斯坦也才能与其他国家建立更多贸易往来。

自 2018 年始，每年一次的进博会吸引了多家企业在中国建立总部、增设门店、投资生产研发基地。商用直升机制造商意大利莱奥纳多公司不仅签下采购大单，还找到了中国伙伴，把生产基地设在了长三角。各企业演绎着中国与世界共同发展的精彩故事。在进博会上，这样互利互惠、共商共进的国际伙伴们层出不穷。进博会交易的是商品和服务，交流的是文化和理念。在开放平台上共享创新成果，在深化交流中点燃创新理念。

共商共建共享示意图

进博会平台的发展成果惠及了众多国家和民众。中国为一些参展商提供免费标摊、免费运输展品服务，举办专场供需对接会，南苏丹手工艺品、巴拿马菠萝、卢旺达辣椒、马达加斯加深海大龙虾等产品搭乘进博会快车，走进中国的市场。在进博会“惠全球”理念下，世界没有“被遗忘的角落”。经济全球化背景下，各国经济彼此依存，利益交融前所未有，以诚相待、普惠共享是根本之计。不仅如此，中国还将是未来全球共享的策源地之一，互动乒乓球机器人、“会飞的汽车”、垃圾循环粉碎机、智能护肤等一系列新产品、新设计、新创意不断涌现，展现着今日中国的创新活力与共享观念。

构建人类命运共同体是一个美好的目标。秉持共商共建共享的全球治理观，打造互信包容、开放合作、互惠发展的国际公共平台，让世界共享新时代中国发展成果，同时也为建设开放型世界经济、推动经济全球化朝着更加普惠、平衡、共赢的方向发展贡献中国力量。

进口扩大，投资开放，消费升级，创新迸发，互联互通……一个个国际合作平台的搭建，一项项扩大开放举措的出台，彰显着中国和世界共享发展机遇的满满诚意，展现着中国推动形成新发展格局的深远影响。热情好客的中国人民将以更加开放的姿态拥抱来自世界各地的宾朋。让我们在新时代，共享未来！

◎ 互动提问：

1. 共商共建共享的全球治理观体现在哪些方面？

2. 在共享时代，中国积极参与了哪些国际化的投资合作项目？

3. 进博会为建设新型国际平台做出了哪些贡献？

4. “没有哪个国家是一座孤岛，全体人类休戚相关，命运与共。”你对人类命运共同体有怎样的理解？请结合这句话谈一谈。